LK⁷8006

L'ABBAYE

DE PONTIGNY.

Imprimerie de Perriquet, à Auxerre.

L'ABBAYE
DE PONTIGNY

PAR

LE Bᵒⁿ CHAILLOU DES BARRES,

Ancien Préfet, Membre du Conseil Général de l'Yonne, etc.

OUVRAGE QUI A OBTENU DE L'ACADÉMIE DES INSCRIPTIONS ET BELLES-LETTRES,
LE 9 AOUT 1844, LA SECONDE MENTION TRÈS-HONORABLE
DANS LE CONCOURS SUR LES ANTIQUITÉS DE FRANCE.

(Extrait de l'Annuaire de l'Yonne de 1844.)

PARIS,

Chez Aug. Vaton, libraire, rue du Bac, 46.

1844.

A Sa Majesté le Roi Louis de Bavière.

Sire,

L'Histoire de Pontigny se lie aux grands souvenirs qu'ont laissés d'illustres prélats, des héros du Catholicisme: tels que Thomas Bechet, le Cardinal Langton, Saint Edme, ces nobles Archevêques de Cantorbéry. Cette Histoire pouvait donc, à ce titre du moins, mériter d'être placée sous la protection de Votre Majesté.

La vieille église de l'abbaye, échappée miraculeusement à la destruction dont tant d'autres furent frappées, est restée debout pour témoigner encore des pieuses libéralités de Thibault-le-Grand, comte de Champagne, qui l'éleva au douzième siècle.

La prédilection intelligente que Votre Majesté sait

garder pour le passé, la protection éclairée qu'elle a vouée à tout ce qui porte l'empreinte de la foi des peuples dans les temps antérieurs, témoignent des hautes pensées qui dirigent le Souverain de la Bavière. Dans sa munificence pour les arts, le Prince qu'ils inspirent, s'il est toujours poëte, Roi du monde idéal, n'oublie jamais non plus qu'il est Roi sur la terre sous la main de Dieu qui l'a couronné.

Sire, non-seulement vous aurez fait de la capitale de vos États la ville de l'Allemagne la plus riche en monuments, mais aussi la Bavière aura vu sous votre règne fécond s'exécuter tous ces grands travaux utiles, ces voies de communication qui, dans les temps modernes surtout, assurent la prospérité d'une nation, et méritent au Souverain qui les ordonna la seule récompense digne d'une généreuse ambition: la conscience d'avoir fait à ses contemporains tout le bien que son suprême pouvoir lui laissait le droit d'accomplir.

Je suis, Sire, avec le plus profond respect,

De Votre Majesté,

Le très-humble & très-dévoué serviteur,

Baron Chaillou Des Barres.

Paris, 14 août 1844.

PREMIÈRE PARTIE.

L'ABBAYE DE PONTIGNY.

I.

La pensée de réédifier pour quelques instants l'un des monastères les plus célèbres, serait-elle une témérité? Ces cloîtres, que la foi, le dégoût des choses terrestres, le besoin de solitude et le désir irrésistible d'une vie pleine d'abnégation élevèrent aux premiers jours du douzième siècle, n'auraient-ils rien à nous apprendre? Ce passé serait-il donc dénué d'intérêt pour nous; et la plus remarquable des institutions qu'il produisit, comme expression fidèle des préoccupations d'une société que dominaient impérieusement les croyances religieuses, ne mériterait-elle que le dédain ou l'oubli ? Nous hésitons à le penser. Il nous semble, au contraire, que cette étude de nos fondations monastiques peut offrir des révélations curieuses. Plus notre civilisation actuelle nous sépare de ces temps ténébreux, plus aussi, peut-être, le tableau de leurs mœurs est digne de fixer notre attention. Ce contraste si énergique n'a-t-il pas le charme de l'inconnu ?

En se plaçant au point de vue philosophique, on comprend bien vite que les institutions, pour être appréciées et jugées avec équité, ne sauraient être isolées du caractère de l'esprit humain à une époque donnée. Toute institution correspond à un besoin général, à une sorte d'instinct universel. Pas d'exception : les institutions sont fortes, durables jusqu'au jour où elles cessent par la même raison d'être en harmonie avec la pensée des peuples. Aussi, quand elles tombent, on peut affirmer qu'elles ont accompli depuis longtemps l'œuvre sociale qu'elles étaient appelées à réaliser. Les abus même qui précèdent leur chute témoignent suffisamment que l'idée génératrice a disparu. Les siècles dans leur marche ayant opéré des transformations nécessaires, il arrive une date fatale où la sentence déjà rendue dans la conscience publique s'exécute. En Angleterre, cette date se rencontre dès la première moitié du seizième siècle; en France, elle n'apparaît qu'à la fin du dix-huitième. Le fruit est mûr, il tombe.

L'esprit religieux qui avait emporté les populations de l'Occident vers les lieux saints, lors de la première Croisade prêchée par Pierre-l'Ermite (1095), n'avait rien perdu de sa force. Mais, parallèlement à cet entraînement qui poussait les princes et les peuples vers les rives de la Palestine, la ferveur chrétienne se manifestait en Europe sous d'autres formes. D'abord, elle jetait les fondements de ces basiliques admirables, qui seront à jamais le symbole et la personnification la plus magnifique du catholicisme, le témoignage irrécusable et indestructible de sa puissance : puis, elle éclatait encore par un amour non moins vif de la vie monastique. Epoque de violence, d'inquiétudes, de sourde rébellion, le moyen âge comptait une foule d'hommes qui, avec une foi ardente et naïve, se livraient aveuglément à des actes qui réclamaient plus tard une expiation. Dans une société où les lois de police étaient sans force, la crainte seule des châtiments dans une autre vie pouvait y suppléer; quoique l'espoir unique d'être absous d'un crime n'ait pas toujours été le seul motif qui fit embrasser la vie monacale. Les plus purs des hommes s'y consacraient avec bonheur et entraînement. La porte de la résignation n'était pas moins grande que celle du repentir.

Parmi les Ordres religieux dont le développement a été le plus mémorable et on pourrait dire le plus prodigieux, celui de Saint-Benoît se place en première ligne. Institué sur le mont Cassin au sixième siècle, il avait su se modifier, se transformer dans le cours des âges, se renouvelant selon l'exigence des temps; et grâce à cette persistance intelligente, habilement progressive, on comptait dans le dernier siècle, en comprenant les diverses branches et filiations de l'Ordre, plus de trente-sept mille monastères qui reconnaissaient saint Benoît pour patriarche.

L'abbaye de Cluny avait déjà été un exemple de cette puissance de transformation qui doit être considérée comme l'élément conservateur du monachisme. Parmi les moines les plus humbles qui sortirent des cloîtres, on peut citer trois Papes fameux : Grégoire VII, Urbain II et Gélase. « Cependant en 1109, l'Ordre de Cluny parvenu au terme de sa prospérité sembla s'affaisser. Mais la sève évangélique se retirant de Cluny allait pousser une tige nouvelle. » C'est vers cette époque, aux derniers jours du onzième siècle, que plusieurs moines bénédictins, animés d'un puissant désir de perfectionnement, choisirent une retraite dans la forêt solitaire de Molesmes, aux confins de la Champagne et de la Bourgogne. De cette modeste et humble congrégation placée sous la rigide direction de saint Robert, est née la Maison de Citeaux, dont le berceau fut un lieu agreste, presque inaccessible, entouré d'une nature âpre et sauvage. Albéric, ayant remplacé Robert, ne tarda pas à donner à la congrégation naissante une constitution définitive et la *forme de vie des anciens Pères du désert.*

Bientôt l'Ordre de Citeaux, dont la création ne remontait qu'à quinze années, avait vu accourir dans son sein un nombre infini de postulants à la tête desquels se place naturellement saint Bernard, l'homme éminent de son siècle, celui dont l'intervention se trouve mêlée à tous les grands événements politiques et religieux qui marquèrent la période écoulée entre 1130 et 1153. L'accroissement de cette Maison fut tellement rapide que, dès 1113, la nécessité de s'occuper de l'établissement d'une colonie se fit sentir à Etienne Harding; et alors naquit la première fille de Citeaux : l'abbaye de la Ferté. Nous touchons à la fondation de

Pontigny, car elle eut lieu l'année suivante (1114), et elle coïncide avec la date où saint Bernard et ses anciens compagnons entrés comme lui à Cîteaux prononcèrent leurs vœux. La troisième fille de Cîteaux, Clairvaux vit le jour en 1115 et saint Bernard fut appelé à la diriger. Enfin, la même année, le monastère de Morimon fut fondé.

Ce rapide exposé, inséparable du sujet qui nous occupe, étant achevé, notre attention va se concentrer tout entière sur Pontigny.

II.

II.

Le vénérable abbé Etienne Harding, avant de céder au vœu qui lui avait été exprimé par Hildebert, prêtre du diocèse d'Auxerre, voulut connaître les avantages de la localité où il projetait d'asseoir sa pieuse colonie. La plaine nommée Pontigny, située à quatre lieues d'Auxerre, était inculte; mais elle portait dans son sein les éléments de la fertilité. Au fond de la vallée baignée par le *Serain*, le paysage était riant, le sol promettait de devenir fécond sous la bêche laborieuse des hôtes qui allaient s'y fixer. Hildebert y avait construit une métairie; il la donnait, ainsi que la terre au milieu de laquelle elle était bâtie et qu'il possédait en franc-aleu. L'évêque d'Auxerre applaudissait à cette fondation et Guillaume III, comte de cette ville, de Nevers et de Tonnerre, lui promettait appui et protection (1).

C'est sous ces heureux auspices qu'arrivèrent à Pontigny les douze religieux ayant à leur tête Hugues de Macon. Le cérémonial qu'on observait à Cîteaux au moment du départ d'une nouvelle colonie était simple et touchant. « L'abbé de la Maison-mère remettait solennellement une croix entre les mains de celui qui devait être revêtu de la dignité abbatiale; puis ce nouvel abbé, sortant de l'église avec la croix et suivi de ses douze religieux, prenait congé de ses frères et entonnait en partant une grave psalmodie (2). » Hugues de Macon était digne de sa haute mission : il appartenait à une famille illustre qui possédait de grandes richesses. L'amitié, les conseils et l'exemple de Bernard lui avaient inspiré la ferme résolution de se consacrer tout entier à la vie claustrale qui alors n'était remplie que par la prière, le travail et la répression incessante des passions. Le succès et le respect qui entourent le berceau des établissements monastiques sont dus à

---

(1) Pontigny se trouvait placé entre le comté d'Auxerre, dont il dépendait, et ceux de Tonnerre et de Champagne. Il ressortissait du diocèse d'Auxerre dont il formait l'extrême limite de ce côté, borné à l'est par celui de Langres et au nord par celui de Sens. Un vieux dicton disait que trois évêques et un abbé pouvaient dîner sur son pont en étant sur leurs terres. C'étaient l'archevêque de Sens, l'évêque d'Auxerre, celui de Langres et l'abbé de Pontigny.

(2) *Histoire de saint Bernard*, par M. l'abbé Marie-Théodore Ratisbonne.

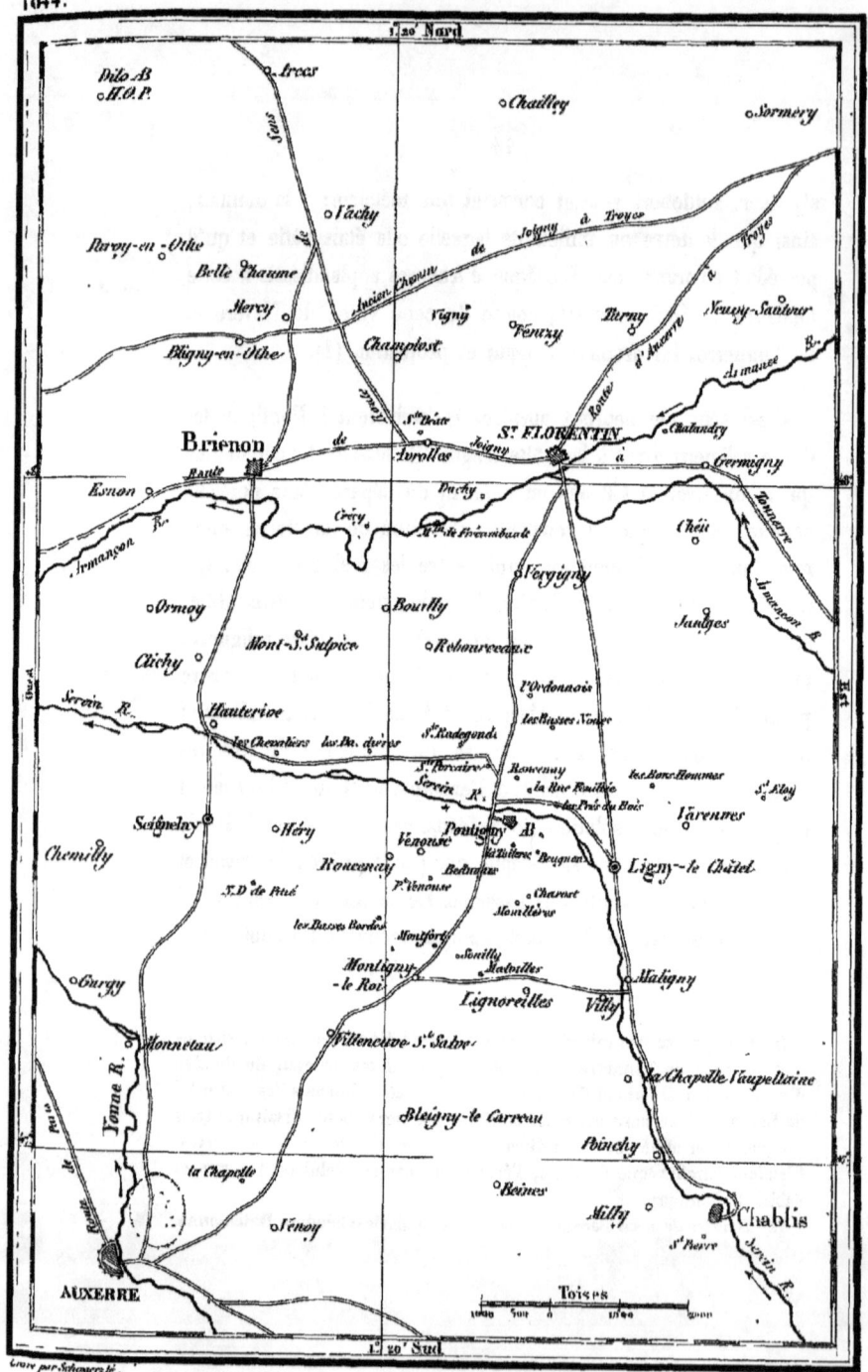

Environs de l'Abbaye de Pontigny.
d'après une ancienne carte.

ces fortes et libres vocations. Une prise d'habit n'était pas alors dictée par des vues ambitieuses ou cupides; une conviction profonde la déterminait toujours.

L'existence des pieux solitaires de Pontigny fut d'abord pénible et précaire, et leurs ressources restèrent encore au-dessous de leurs modestes besoins. D'ailleurs, leur nombre s'était rapidement accru. De premières donations, gages des donations considérables et l'on pourrait dire incalculables qui eurent lieu dans la suite, les aidèrent, les soutinrent et leur travail persévérant triompha des épreuves inséparables d'un établissement où tout était à créer puisque le sol lui-même restait à défricher.

L'une des premières pensées de Hugues de Macon fut la construction d'une église. Elle s'éleva sous la protection de la Vierge et l'invocation de saint Thomas l'apôtre. Simple, dans des dimensions restreintes, elle portait l'empreinte de la pauvreté de ceux qui devaient y passer leurs nuits à prier pour les riches et les puissants.

III.

Le moment était venu de donner une constitution aux abbayes issues de la Maison-mère de Cîteaux. De concert avec saint Bernard, Hugues de Mâcon et les dix autres abbés de l'Ordre réunis en 1119 dans une assemblée qui prit le nom de premier Chapitre général de Cîteaux, l'abbé Étienne arrêta et fixa dans la grande *Charte de charité* les usages et les devoirs que pratiqueraient rigoureusement les monastères de la filiation de Cîteaux. La base des prescriptions nouvelles ne fut pas changée : ce fut toujours celle qui avait servi de fondement à la Règle de Saint-Benoît. Le Pape Calixte II l'approuva, et dans la suite ses successeurs la confirmèrent.

Les proportions qu'il nous est imposé de donner à cette Notice, le point de vue où nous nous sommes placé en l'écrivant excluent une analyse complète des nombreux articles qui forment la Règle de Citeaux. Mais nous affirmons qu'elle est un chef-d'œuvre d'organisation. En parcourant ce vaste ensemble de prescriptions si judicieuses, si sagement coordonnées, où tout a été prévu avec une rare pénétration, on demeure étonné, confondu d'admiration. On se demande comment à une époque aussi reculée, quelques-uns diraient aussi barbare, comment au commencement du douzième siècle enfin, une constitution si forte a pu être conçue. Le lien, la hiérarchie, la discipline, rien n'est omis : ce que la RÈGLE ne contient pas se trouve dans le livre des USAGES de Citeaux. Les deux œuvres se complètent.

Malgré notre désir de ne pas trop donner de valeur aux détails, il est pourtant quelques points de cette constitution monastique que nous éprouverions du regret à ne pas indiquer au moins d'une manière sommaire. De courts extraits montreront l'esprit dans lequel elle fut écrite.

« L'abbé, y est-il dit, représente Jésus-Christ dans le monastère. — Il ne cachera pas les fautes, les péchés des coupables, mais il les punira aussitôt qu'ils seront commis. — Il devra au jour du jugement rendre compte des âmes de ses frères dont il a la garde.

» Quand quelque affaire grave se présentera, il convoquera la Communauté pour avoir l'avis de ses frères; puis, ayant réfléchi à part soi, il fera ce qu'il jugera le plus utile. Mais qu'il ait toujours devant les yeux la crainte de Dieu et l'observance de la Règle ! »

L'emploi du temps des moines est déterminé avec une telle précision, qu'aucun instant de leur vie ne saurait échapper à l'œil vigilant de la Règle. Elle les suit partout, même dans leur sommeil. Dans leur dortoir elle veut qu'il y ait de la lumière jusqu'au jour, qu'ils dorment vêtus et ceints de leur cordon jusqu'à l'heure de se lever pour prier.

Il est pourvu par la Règle à la gestion extérieure, à l'emploi des aliments. C'est l'officier du monastère, désigné sous le nom de cellerier, qui gère les biens sous les ordres de l'abbé, et c'est à lui spécialement qu'est confiée la distribution de la nourriture des moines.

Le renoncement personnel à toute propriété étant une des conditions fondamentales de la Règle, la possession collective seule est admise. De là cette prescription : « les moines ne doivent rien avoir en propre sans la permission de l'abbé; que tout soit commun à tous, comme l'a dit l'apôtre. »

La sollicitude des législateurs de Cîteaux ne se borne pas seulement à tracer avec inflexibilité des devoirs rigoureux; elle est bienveillante, pleine de douceur, pour l'enfance, pour la vieillesse, la maladie. Aussi est-il ordonné « que les malades seront soignés avant et sur toutes choses. — L'usage des bains leur sera permis chaque jour. — Rarement à ceux qui seront bien portants et aux jeunes gens. — L'usage de la viande est également accordé aux malades (1). »

La quantité, la nature des aliments sont déterminées. Pour le repas de chaque jour à *Sexte* et à *None* deux plats suffisent. Mais si ce sont des fruits, des légumes verts, on pourra en ajouter un troisième. Une livre de pain, une émine de vin (équivalant à l'ancienne pinte de Paris) pour chaque jour. Cette dernière quantité sera invariable, sauf les cas extraordinaires, tels qu'une chaleur excessive, des travaux plus grands, plus pénibles, exécutés par les moines; et encore faudra-t-il l'agrément du prieur pour avoir droit à ce supplément. L'abus du vin, à ce qu'il parait, était le sujet d'un juste effroi pour les rédacteurs de la Règle de Cîteaux. En effet, à l'endroit où il est question de cette addition à l'émine, nous lisons « en ayant soin d'éviter l'ivrognerie, car il est écrit : *vinum omninò monachorum non esse.*

La vie contemplative qui n'est que la paresse déguisée et l'inutilité poétisée n'était pas le but de l'institution, il s'en faut

---

(1) Il y avait pour les moines certaines saisons où la saignée leur était prescrite et hors desquelles cette opération ne pouvait avoir lieu, sauf le cas de maladie grave. Dans l'Ordre de Cîteaux elle se pratiquait quatre fois par an : en février, avril, septembre et vers la Saint-Jean. C'était l'abbé qui désignait, en Chapitre, les religieux auxquels le *minutor* devait tirer du sang.

(*Extrait du cartulaire de Saint-Père de Chartres par M. Guérard, de l'Institut,* chap. 66).

bien. Les belles intelligences qui avaient voulu que leur œuvre devînt féconde pour ne pas mourir, comprirent que le travail devait être la première condition de l'existence des religieux appelés par eux à peupler les monastères. Et, c'est à ces vues si pleines de sens et d'avenir que la mise en culture d'une portion notable du sol national est devenue le premier titre de gloire des Ordres monastiques.

Dans le chapitre 48, où il est traité des travaux journaliers manuels, on voit qu'à partir de Pâques jusqu'aux Kalendes d'octobre, les moines sortiront le matin depuis *Prime* jusqu'à *Quarte*, travailleront à ce qui sera convenable. — Puis après indication du temps à consacrer à la lecture, au repas et au repos, il est dit qu'ils travailleront jusqu'au soir. Et, comme pour relever à leurs yeux de pareilles occupations manuelles, nous lisons : « si la pauvreté ou le besoin exige qu'ils récoltent eux-mêmes les produits de la terre, qu'ils n'en soient pas fâchés, car ils seront vraiment moines quand ils vivront du travail de leurs mains comme nos Pères et les Apôtres. »

L'hospitalité se plaçait au nombre des devoirs imposés aux monastères. A cette époque reculée, une pareille obligation était un grand bienfait. Car vainement alors on eût cherché un gîte, un abri quelconque au milieu de campagnes immenses, à peu près incultes et où de faibles et rares populations se montraient à peine. L'abbaye devint donc le lieu qui reçut le voyageur, qui lui offrait des aliments, un lit et quelquefois des vêtements. Un chapitre, le 53e, traite de la bonne réception à faire aux étrangers. La table de l'abbé devait être la leur et celle des pélerins (1); et les jours où aucun voyageur ne s'était présenté, l'abbé, afin de ne jamais laisser se perdre l'esprit de communauté, était tenu d'admettre au moins deux moines à sa table.

La constitution qui n'avait rien voulu laisser d'incertain, mais soumettre, au contraire, toutes choses à une règle uniforme, déterminait les points où devaient être établis les monastères, et les conditions à observer dans leur construction. Nous lisons que « les abbayes ne seront fondées ni dans les villes ni dans les villages, mais dans les lieux éloignés du bruit des hommes. »

Indépendamment de ces prescriptions toujours observées, nous remarquons que, sauf de rares exceptions, les monastères se placèrent constamment dans les vallées, jamais, ou du moins bien rarement sur des points élevés; tandis que les châteaux au moyen âge furent construits sur des côteaux, sur la cime des montagnes. Cette différence a une cause. Fuyant le monde, cherchant la solitude, et ayant pour mission de défricher, de cultiver le sol, les moines devaient préférer les vallées où règne le silence et où il est de raison de rencontrer la fertilité à la suite et comme prix du travail. Les possesseurs des châteaux forts étaient dans des conditions opposées. Leur richesse, leur moisson, c'étaient leurs vassaux;

---

(1) Au moment de l'arrivée d'un étranger, le portier prévenait l'abbé ou le prieur en son absence. L'étranger était d'abord conduit à l'église où il faisait sa prière. Puis, on le menait au logis des hôtes, en le présentant à l'hospitalier.

leur vocation, la guerre, les luttes fréquentes. Ils devaient donc choisir une habitation inaccessible à l'attaque, facile à défendre, dominant la plaine et d'où ils pouvaient fondre à l'improviste sur l'ennemi. Enfin, les serfs, qu'il était de leur intérêt de garder comme leur bien, leur chose, ne venaient-ils pas se grouper autour des flancs du mont protégé par la tour féodale?

Continuons. — « Le monastère sera construit (si faire se peut) de telle façon qu'il réunisse dans son enceinte toutes les choses nécessaires. Savoir l'eau, un moulin, un jardin, des ateliers pour divers métiers, afin d'éviter que les moines n'aillent au dehors. »

L'église ou l'oratoire devait être simple. « Les sculptures et les peintures en étaient exclues. Les vitraux uniquement de couleur blanche sans croix ni ornements. Il ne devait point être élevé de tours de pierres ni de bois pour les cloches qui fussent d'une hauteur immodérée, et par cela même en désaccord avec la simplicité de l'Ordre. » Nous aurons occasion, en décrivant plus tard l'église de Pontigny, de reconnaître que ces prescriptions ne furent point omises dans sa construction.

Tous les monastères de Cîteaux étaient sous l'invocation de la Vierge.

Les cérémonies religieuses occupent, on le conçoit, une grande place dans l'énorme volume in-folio où nous puisons ces divers extraits. Mais nous ne saurions leur donner ici une importance qu'elles ne réclament pas de notre sujet.

L'administration ou, pour parler plus exactement, la manière dont on devait exploiter les biens, était l'objet de règlements qui méritent de fixer l'attention. On trouve un vif et docte intérêt à voir jusqu'à quel degré remarquable de précision les auteurs de la constitution de Citeaux avaient su s'élever dans l'exécution de leur pensée organisatrice, embrassant les détails et jusqu'aux moindres faits inhérents au vaste ensemble de l'Institution. Parcourons cette constitution prévoyante. — Des granges ou métairies seront réparties sur le sol possédé par l'abbaye. Leur culture est confiée aux frères convers aidés par des valets de ferme. « Les animaux domestiques devront être propagés. Mais il est défendu d'avoir des animaux plus curieux qu'utiles. » — Les troupeaux de grand et de petit bétail pour pacager ne devaient pas s'éloigner à plus d'une journée des granges, lesquelles étaient séparées entre elles par une distance d'au moins deux lieues de Bourgogne.

Les biens du monastère ne pouvaient être accordés (affermés) à vie que du consentement du Chapitre général de l'Ordre. Il fallait l'agrément des anciens de l'abbaye avant de donner des terres à cultiver. L'intention formelle d'éviter aux religieux tout contact avec les gens du monde et les étrangers avait conduit à défendre, tant aux moines qu'aux frères convers, d'habiter jamais les maisons que le monastère possédait dans les villes et villages.

L'entrée de l'abbaye était sévèrement interdite aux femmes. Nous trouverons, dans le cours de cette Notice, une preuve mémorable que cette défense n'admettait aucune exception. Plus tard, lorsqu'on se rapproche des temps de relâchement, lorsque la Règle constitutive de l'Ordre ne subsiste plus que dans l'in-folio qui la renferme, alors, les femmes, loin d'être exclues, seront l'ornement et le charme du logis abbatial. Mais restons quelques instants encore sous le prestige du douzième siècle, sous l'empire de la Règle pieuse et pleine d'austérité de Citeaux; promenons encore nos regards dans les vastes embranchements de ce travail réglementaire; d'autres dispositions nous restent à connaître : celles, par exemple, qui déterminaient les fonctions et la hiérarchie.

Le chapitre relatif aux *officiers du monastère* comprend : le *prêtre semainier* (*hebdomadarius*); c'est celui qui commence toutes les cérémonies dans l'église, au Chapitre, etc., etc. — Le lecteur de semaine, le *semainier* pour les hôtes qui doit aider l'*hospitalier*. — L'abbé qui occupe la première place dans le chœur.... punit, absout les frères dans le Chapitre, les élève et les abaisse. — Le prieur qui a la première place à gauche dans le chœur, appelle les moines au travail et les y conduit, etc.; il est l'exécuteur des ordres de l'abbé, il le supplée dans plusieurs de ses fonctions. — Le *sous-prieur*. — Le *maître des novices*. — Le sacristain chargé de l'entretien des objets nécessaires au culte. — Le *chantre* et les *sous-chantres* qui doivent diriger le chant des frères, etc., etc. — L'*infirmier*, le *cellerier* et son aide. Il peut parler à tous excepté aux moines et aux novices. A lui est dévolue la tâche de préparer certains mets et d'y mettre le sel. — Le *refectorarius* dispose les objets, les ustensiles du réfectoire. — Le moine *hospitalier*, chargé de présider à la réception des étrangers, de s'assurer des soins qu'on leur rend. Enfin le portier qui devait être un vieillard.

Les fonctions de l'abbé, ses devoirs, ses prérogatives, motivent quelques développements afin de se rendre un compte exact du pouvoir et de l'influence qu'il exerçait. Il devait être élu par la Communauté. Ce principe fut constamment respecté jusqu'à l'époque où nous verrons ce titre devenir une sinécure conférée par le Souverain à des abbés commendataires; abus qui contribua puissamment à dénaturer l'institution et à précipiter sa ruine. Comme évêque diocésain, celui d'Auxerre avait droit d'exiger le serment de fidélité de l'abbé de Pontigny. Hugues de Macon l'avait prêté entre les mains de Humbault qui occupait le siége au moment de son installation.

Lorsqu'un monastère se trouvait sans abbé, le supérieur de la Maison-mère était chargé d'en désigner un provisoire. Le choix pouvait s'étendre sur tous les religieux des autres monastères de l'Ordre. — L'abbé de la Maison-mère devait visiter chaque année les monastères auxquels elle avait donné naissance. Et les quatre premiers Pères de l'Ordre, c'est-à-dire, les abbés de la Ferté, de Pontigny, de Clairvaux et de Morimon visitaient aussi annuellement la Maison-mère de Citeaux. Ce devoir, cette prérogative étaient indépendants de la réunion pour la tenue du Chapitre général. Plus tard, le même principe fut appliqué aux nombreuses Maisons ou abbayes qui sortirent de Pontigny, et que nous indiquerons dans le cours de cette Notice.

La répression était forte et sévère.

Le pouvoir disciplinaire de l'abbé était très-étendu. Néanmoins, quand il se présentait des faits graves, qui appelaient un châtiment éclatant, il devait déférer au Chapitre général de l'Ordre. Il existait des cas pour lesquels les coupables étaient séparés de la Communauté. — Dépouillés de leur capuce. — Quelquefois même ils étaient excommuniés.

Au douzième siècle, la magie, la nécromancie faisaient essentiellement partie du code des crimes et des délits. Aussi voyons-nous que les moines qui se mêlaient de sortilèges n'échappaient pas à des peines plus ou moins fortes. — Si le coupable était un abbé ou un prieur, on prononçait sa déposition; si c'était un moine ou un frère convers, on le condamnait au pain et à l'eau, on le privait des sacrements pendant un an.

Un châtiment très-sévère avait été réservé aux criminels; ils subissaient la réclusion dans une étroite prison toute leur vie (1). On entendait par criminels, les voleurs, les faussaires, les incendiaires et les homicides. C'était l'abbé qui prononçait la condamnation dans les différents cas qui viennent d'être indiqués. Quant à lui, s'il se rendait coupable du crime de faux, il était déposé.

Si, malgré notre désir de borner à une analyse très-sommaire la CONSTITUTION et les USAGES de Cîteaux, nous n'avons pas reculé devant certains développements, notre excuse, s'il en est besoin, se trouvera dans la nécessité. Nous devions faire comprendre comment l'abbaye de Pontigny était parvenue à ce haut degré

---

(1) Dans chaque abbaye il existait des prisons solidement construites et d'où il était impossible de s'échapper.

de prospérité et de splendeur qu'elle atteignit durant les trois premiers siècles qui suivirent sa fondation, si modeste à l'origine.

IV.

Hugues de Macon, malgré son amour pour ses frères et sa répugnance à les quitter, avait dû se séparer d'eux pour aller occuper le siége épiscopal d'Auxerre. Abbé de Pontigny pendant vingt-deux ans, son zèle apostolique fut couronné d'un rare succès; dix monastères s'établirent pendant la période de son occupation (1).

---

(1) Ces filiations ou *filles* de Pontigny, car c'est ainsi qu'on les appelait, étaient : Bouras, les Roches, Cadoüin, Dalon, Fontaine-Jean, Jouy, Saint-Sulpice, Quincy, Loc-Dieu et Châlis. Voir à l'appendice sous la lettre *A* le ableau des monastères issus de Pontigny.

Après sa mort l'Eglise le plaça au nombre des bienheureux. Plus tard, son corps fut rapporté à Pontigny et inhumé dans le sanctuaire.

Louis-le-Gros sous le règne duquel avait eu lieu la fondation de l'abbaye, *défend à tous juges, prévôts et autres officiers de son royaume d'exiger aucun tribut des moines* de Pontigny. Ces immunités sont confirmées par son fils Louis VII et plus tard Philippe-Auguste les maintient. En 1139, déjà l'archevêque de Sens et l'évêque de Troyes cédaient un droit d'usage au monastère dans la forêt d'Othe. L'intervention du Souverain Pontife se manifeste également en faveur de Pontigny; et, à cette date, elle était toute puissante. Ainsi Innocent II confirme dans une bulle adressée à l'abbé Guichard ce même droit d'usage; il lui dit : *que personne ne réclame la dîme des champs que vous et votre Communauté cultivez de vos propres mains, ni sur le bétail que vous nourrissez ni sur tout autre travail que vous pourriez faire.*

A mesure que les donations se succèdent, nous retrouvons dans diverses bulles le dénombrement des biens possédés par l'abbaye. Ce sont là comme les titres suprêmes des nouveaux propriétaires : du jour où la Cour de Rome a enregistré les actes de cession, il y a comme une sorte de consécration définitive (1). A cette date

(1) Il existe une bulle d'Adrien IV, de 1156, qui cite, parmi les biens de l'abbaye, les granges de Sainte-Porçaire, du Beugnon, de Crécy, de Chailley, de Burs, de Villiers, d'Aigremont, de Champtrouvé, de Fouchère et d'Egriselle. Dans cette même bulle Adrien confirme aussi au monastère la possession des plaines, des prés, des eaux dont il jouissait, etc., etc.

PONTIGNY.

VUE DE L'ÉGLISE. (Côté du Sud.)

reculée, le pouvoir royal reste dans l'ombre, ou, pour parler plus exactement, il est presque nominal, et même le peu de puissance qu'il a s'efface-t-il devant cette formidable juridiction des Papes. C'est dans leurs mains que se réunissent et que se pèsent souverainement, fatalement, tous les grands intérêts politiques et religieux.

Parmi les bienfaiteurs de Pontigny se place au premier rang Thibault-le-Grand, comte de Champagne, de Blois et de Chartres, père de la reine Adèle ou Alix, femme de Louis VII. Déjà la petite église construite à l'époque de la fondation ne suffisait plus. Elle cessait d'être d'ailleurs en harmonie avec l'accroissement et l'importance de l'abbaye. Au modeste oratoire devait succéder une vaste basilique. Ce fut aux pieuses et magnifiques largesses du comte Thibault qu'on dut la nouvelle église. On place sa construction vers 1150. Nous acceptons cette date, en faisant remarquer toutefois que, si les premiers travaux commencèrent à cette époque, ils ne se terminèrent pas immédiatement, qu'ils exigèrent un certain nombre d'années. Deux motifs nous dictent cette observation. D'abord, les richesses, les revenus de Thibault, quoique considérables, n'étaient pas sans bornes; en outre, nous retrouvons dans le caractère de l'édifice des signes qui indiquent déjà les approches de la fin du douzième siècle.

L'aspect de l'église, lorsqu'on aperçoit sa face méridionale, c'est-à-dire en venant d'Auxerre, est loin de laisser deviner tout ce qu'a de noble et d'imposant son intérieur. L'impression est plus que médiocre. La vue d'une longue toiture que rien n'interrompt, cause une extrême surprise, et cette surprise devient de l'ennui. Une sorte de doute s'empare de l'esprit du voyageur ; il se demande si ce qu'il a sous les yeux est bien réellement le monument dû aux libéralités du comte de Champagne, le lieu où reposèrent tant de grands, d'illustres personnages. Se rapprocher ce n'est point encore changer d'impression. Avançons pourtant sans nous décourager. Peut-être serons-nous payé de nos peines et reviendrons-nous de notre première opinion.

Déjà une partie du village de Pontigny est franchie. — A droite, se trouve l'entrée des cours de l'ancienne abbaye. — Saluons en passant les deux petits pavillons modernes, construits dans le milieu du dix-huitième siècle, que la démolition a, par distraction sans doute, laissés debout, lorsqu'elle jeta par terre la presque totalité des vastes et somptueux bâtiments qui composaient l'ensemble de l'abbaye. — Encore quelques pas et nous nous trouverons en face de l'église. Nous y sommes : arrêtons-nous.

Voici le portail; il est précédé d'un porche recouvert d'une toiture dont la disposition n'est pas heureuse (l'un des dessins joints à cette Notice indique sa forme), et bien que l'artiste, afin de laisser voir la base de la triple arcade de la partie supérieure du portail, ait placé un peu plus bas ce toit malencontreux, il faut dire néanmoins qu'il remonte assez haut pour recouvrir la moitié des arcades. En retranchant par la pensée cette désagréable toiture, puisqu'on ne peut la retrancher autrement, le portail est, dans sa simplicité, d'un effet satisfaisant. La division ternaire est celle qui y règne. Au centre du fronton, plus large que haut, on remarque un cercle à jour. C'est là qu'on a placé les cloches, depuis que l'église est devenue celle de la commune de Pontigny. Jusqu'en 1793, la sonnerie se trouvait établie dans un clocher qui s'élevait au point central des transsepts. De la toiture à son sommet extrême, la hauteur de ce clocher n'était pas moindre de vingt mètres. Indépendamment de son utilité quotidienne, cette construction avait le mérite de caractériser majestueusement et de dégager l'édifice. L'angle supérieur du fronton est surmonté d'une croix de pierre. Faisons observer que la même corniche qui règne sous le toit, autour de l'église, se retrouve à Vézelay et à Saint-Michel de Tonnerre.

La porte, qui s'ouvre sous le portail et donne dans l'église (dès qu'on a traversé le porche), est recouverte de ferrures d'un prix inestimable, car elles sont contemporaines de l'édifice. Ces ferrures figurent des enroulements et sont fort remarquables. Après avoir descendu cinq marches, on passe sous la tribune des orgues et on arrive à la nef. Ici tout est digne, noble, imposant. La Règle de Cîteaux sans doute n'a point été méconnue; mais la simplicité, la pureté des lignes, la gravité du style architectural ont produit du grand, du beau, du solennel dans leur rencontre. L'ogive s'allie au plein ceintre roman; c'est le style ogival primitif, l'arc en tiers point. Dans cette construction, on ne retrouve aucun de ces ornements si variés et quelquefois plus que grotesques employés dans le siècle précédent, de même qu'on n'aperçoit pas ces décorations qui furent prodiguées jusqu'à l'excès dans les cathédrales vers le milieu et la fin du treizième siècle, époque où la statuaire prit déjà une part si considérable dans l'ornementation des édifices religieux.

L'église de Pontigny devint un monument modèle, le type de celles qui furent bâties à la même époque dans les lieux environnants. Ce désir d'imitation, cet enthousiasme qui conduisit à essayer de reproduire, autant que possible, une construction aussi vaste que bien entendue, se trouvent expliqués et n'ont pas besoin d'être justifiés si on se rappelle que jusque-là le style roman, original mais rustique, mais grossier, était exclusivement adopté pour les églises de campagne.

Voici les vastes dimensions de l'édifice. Sa longueur est de 108 mètres, sa largeur de 22 mètres y compris les latéraux, et à la croisée elle n'est pas moindre de 50 mètres. On voit que les transsepts sont extrêmement développés. La hauteur des voûtes atteint 21 mètres. Le chœur occupe un espace beaucoup plus considérable que dans les cathédrales ou les églises paroissiales. La destination de l'édifice, bâti pour un monastère, rend compte de cette différence (1).

L'ornementation des colonnes est la même pour toute l'église : base simple reposant sur un dé carré ; les chapiteaux sont de forme conique à feuille d'eau dans la nef et les transsepts, et à crosse dans le chœur.

---

(1) Voici, quant aux dimensions, des points de comparaison entre les quatre églises principales du département de l'Yonne.

	Longueur intérieure dans œuvre.	Largeur de la croisée.	Hauteur des voûtes.
Eglise de Pontigny	108 m. » c.	50 m. » c.	21 m. » c.
Cathédrale d'Auxerre	100 »	40 »	33 33
Cathédrale de Sens	117 33	38 »	30 »
Eglise de Vézelay	125 »	23 33	22 »

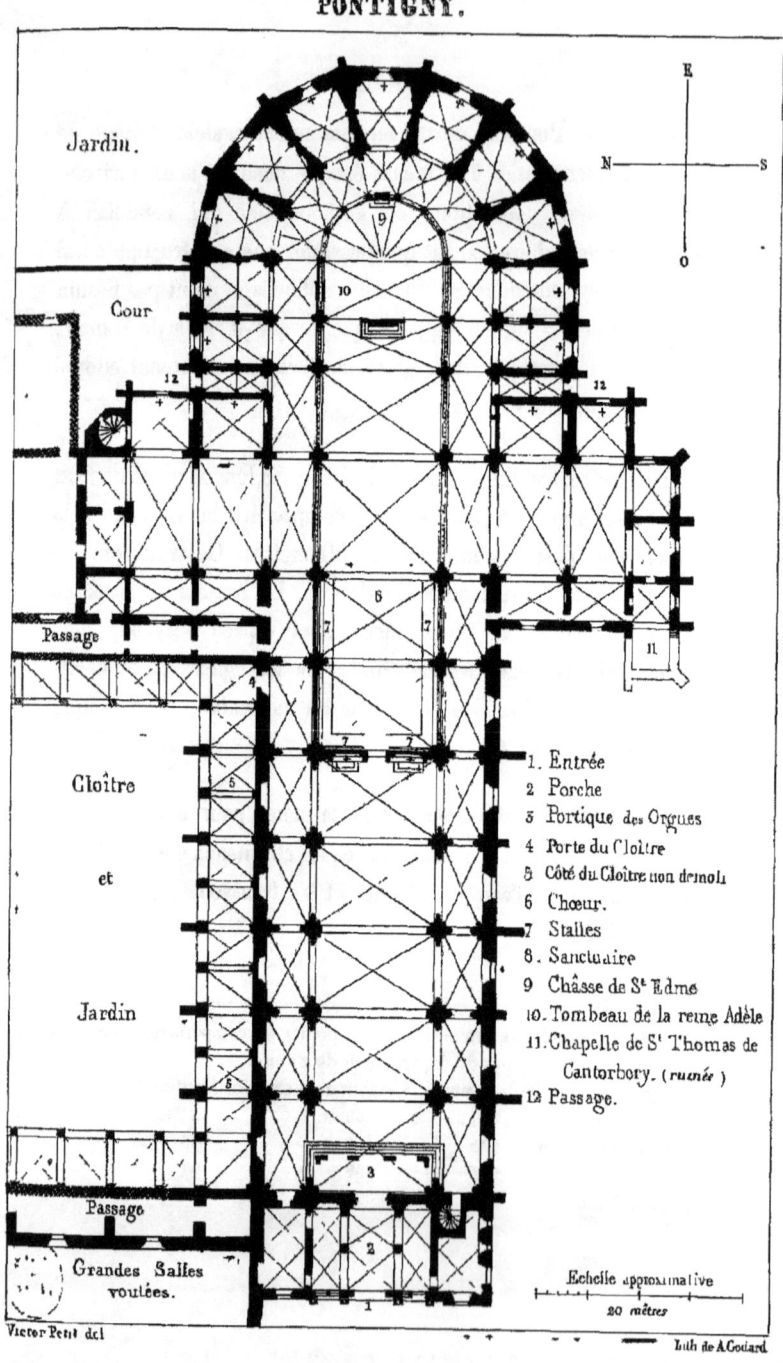

PLAN DE L'ÉGLISE Etat actuel

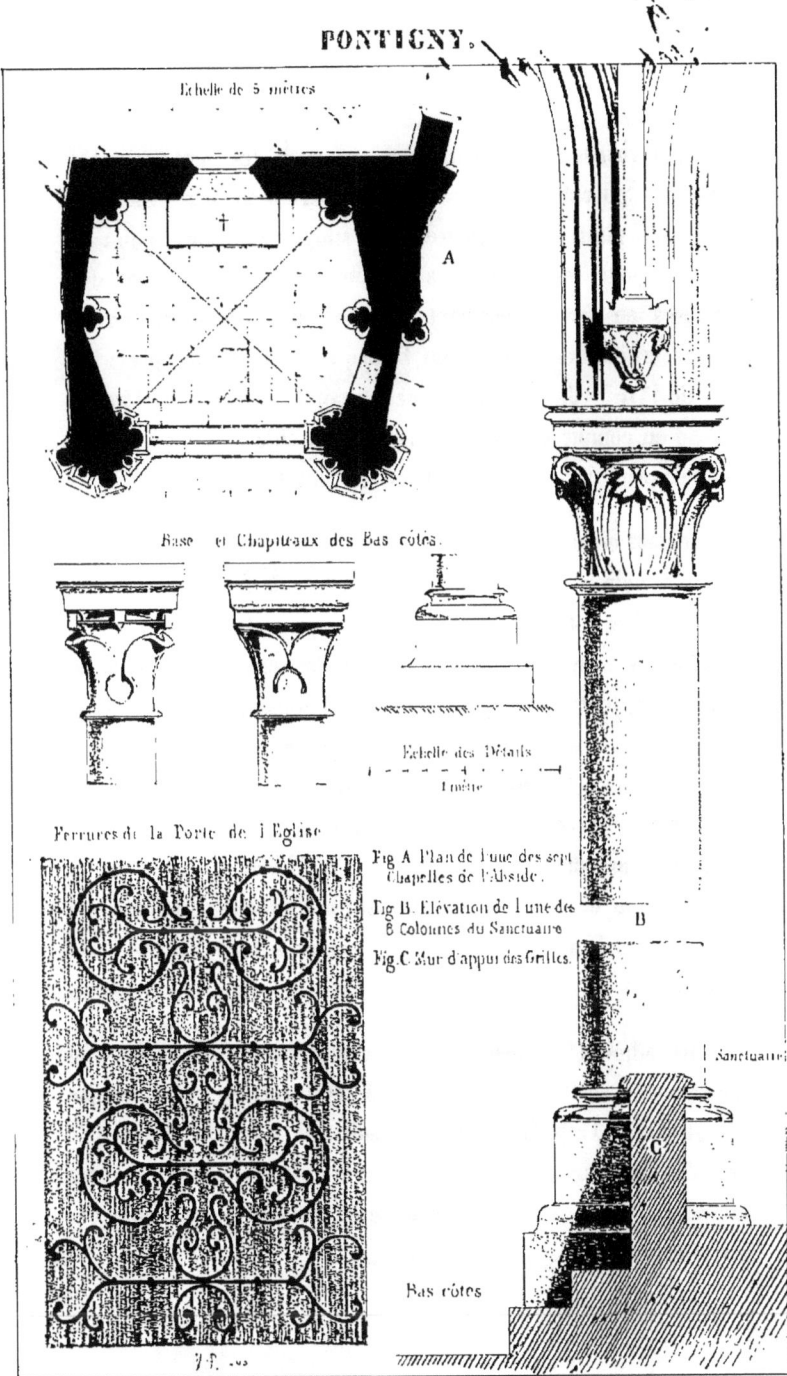

Ce qui mérite d'être remarqué, ce sont les huit colonnes monolithes qui entourent le sanctuaire : leur fût est bien réellement d'une seule pierre. Les fenêtres sont simples, étroites, point de meneaux pour en former les divisions, mais seulement des armatures en fer représentant d'immenses fleurs de lys ou de grandes croix. Les verres sont blancs selon l'une des prescriptions de l'Ordre de Cîteaux. La nef n'a point de chapelles latérales; mais on en compte vingt-quatre derrière le chœur et le sanctuaire. L'édifice primitivement était couvert en plomb.

Le chœur est orné de stalles admirables sur le travail desquelles nous reviendrons lorsque nous toucherons à l'époque où elles furent établies, et nous comprendrons dans cette mention indispensable les orgues et quelques tableaux qui constituent autant de décorations, toutes bien postérieures à la construction de l'église, ainsi que le grand autel du sanctuaire qui est en marbre royal et dont le devant est formé d'un seul morceau. Un peu plus loin, au fond, en se rapprochant de l'abside, au-dessus d'un autel se trouve la châsse qui contient le corps de saint Edme. Ce n'est pas la châsse primitive, car les restes du pieux archevêque de Cantorbéry ont subi plusieurs translations que nous aurons occasion de raconter.

Cette admirable église, due à la munificence du comte de Champagne, semble être d'un seul jet : mérite rare, presque exceptionnel. Trop fréquemment, soit par suite du temps qu'a pris l'achèvement des cathédrales, soit que, plus tard, le goût nouveau ait prétendu corriger le goût ancien, la confusion des styles éclate dans le même édifice.

On attribue aussi, et avec certitude, au comte Thibault des constructions fort importantes. Par ses soins s'élevèrent une partie des murs d'enceinte qu'on voit encore aujourd'hui et qui renfermaient tous les bâtiments et les dépendances immédiates de l'abbaye. Cette clôture comprend une étendue représentant 24 hectares. On dut au comte de Champagne le logis abbatial, le noviciat, le réfectoire, l'infirmerie, le logis des hôtes où l'on recevait les étrangers. Il faut encore ajouter à la part qui lui revient, un chapitre, un parloir, des cloîtres, un vaste dortoir ayant 32 mèt. 33 cent. de longueur sur 4 mèt. de largeur. Enfin, un palais pour le loger lui et sa suite fut construit par ses ordres à l'entrée de l'abbaye près du grand chemin qu'a remplacé la route actuelle. Il obéit à un sentiment d'incontestable piété en élevant une habitation voisine qui pût lui permettre de visiter le monastère qu'il venait, pour ainsi dire, de créer de nouveau.

Les enfants du comte Thibault suivirent son exemple.

Son petit-fils, Henri II, par une charte de 1190, donna à l'abbaye, avant d'aller prendre possession du royaume de Jérusalem auquel il était appelé par les droits de sa femme Isabelle, 10 livres de rente à prendre sur les foires de Troyes, et il autorisa les moines à faire conduire dans cette ville, en franchise, jusqu'à concurrence de 200 muids de vin.

En contribuant par ses immenses largesses à doter Pontigny d'un temple qui répondît dignement à la pensée de haute piété qui l'animait, Thibault attira de nouveaux bienfaits sur le monastère. Ce n'est pas seulement le désir de racheter des fautes graves, celui de se rendre le ciel favorable, lorsqu'on partait pour la terre sainte, qui attiraient les donations sur les maisons religieuses, une espérance de plus vint inspirer de nouvelles libéralités : nous voulons parler du besoin qui se manifestait partout de mériter le privilége d'être inhumé dans les églises des monastères, et d'obtenir des moines des prières plus efficaces pour le salut de ceux dont les dépouilles s'y trouvaient déposées. Parmi plus de trois cents donations faites à Pontigny, il serait facile d'en citer un grand nombre qui n'eurent pour motif, pour condition que ce vœu de reposer dans un lieu où la prière était, pour ainsi dire, non interrompue. Mais cette sépulture acquit un nouveau prix, fut l'objet d'une ambition bien autrement grande, quand le chœur de Pontigny eut reçu les dépouilles de plusieurs personnages illustres. Remarquons que c'est vers le milieu du quatorzième siècle que cessa à peu près l'usage d'enterrer des personnes étrangères dans les églises des monastères, et que c'est à cette date également que s'arrêtent, en général, les donations que reçut l'abbaye dont nous esquissons l'histoire.

V.

Nous devons nous arrêter à l'un des faits qui contribuèrent le plus peut-être à consolider la renommée de Pontigny. Ici le cadre s'élargit et le monastère fondé sur les rives du Serain se trouve mêlé aux fastes de l'Angleterre. Pontigny offre successivement un asile aux trois Prélats les plus illustres qui s'assirent sur le siége de Cantorbéry.

Un homme appelé à exercer un immense pouvoir, destiné à

être élevé à la première, à la plus haute dignité qui existât alors dans sa patrie, à balancer même l'autorité royale, à inscrire enfin son nom sur de nombreuses pages des annales de l'Angleterre, avait vu le jour à Londres vers la fin de l'année 1119. Quelque chose de mystérieux, ou tout au moins de romanesque, se rattachait à sa naissance. Son père, Gilbert Becket, poussé par l'esprit du temps, avait entrepris un pèlerinage à Jérusalem. Dans une des mille luttes dont les résultats étaient sans cesse balancés, il devint le prisonnier de l'un des chefs de l'armée des Sarrasins. Mais bientôt, grâce à la tendre affection qu'il sut inspirer à la fille de l'homme qui était devenu son maître, son esclavage s'adoucit. Ce sentiment grandit, il ne tarda pas à prendre le caractère d'une passion irrésistible. Celle qui l'aimait d'un amour si profond, ne songea plus qu'à briser ses chaînes, à fuir avec lui, à partager sa destinée. Après diverses tentatives, le succès répondit enfin aux efforts de la jeune musulmane ; elle s'échappa avec son amant et le suivit en Angleterre. De retour à Londres, Gilbert Becket voulut l'épouser : des évêques furent consultés, car le cas était grave. Enfin, elle reçut d'abord le baptême avec le nom de Mathilde et devint la femme de Gilbert. C'est de cette union qu'est né Thomas Becket. Son père avait été shérif de la ville de Londres.

L'intelligence de Thomas était vive. On le confia dans son enfance aux chanoines de Merton, et ses études furent continuées à l'école métropolitaine d'Oxford, puis achevées à l'Université de Paris, où l'on accourait alors de tous les points du monde pour puiser l'instruction forte, élevée, universelle. A la mort de son père, Thomas, admis dans la famille de Théobald, archevêque de

Cantorbéry, qui devint bientôt son protecteur, quitta avec son assentiment l'Angleterre afin de se fortifier par de nouvelles études dans la connaissance des lois civiles et canoniques. Le docteur Lingard nous apprend qu'il assista aux leçons de Gratien, à Bologne, et à celles d'un autre célèbre professeur, à Auxerre. De retour en Angleterre, sa science, sa capacité lui valurent l'archidiaconat de Cantorbéry, la plus importante dignité de l'église de son pays, après les évêchés et les abbayes qui donnaient le rang de barons à leurs possesseurs. Il devint bientôt le conseil, l'ami, le favori de Théobald, archevêque de Cantorbéry et Primat du Royaume. Son influence sur Théobald fut constamment exercée dans l'intérêt de Mathilde, mère du prince qui devint Henri II; et l'attachement inébranlable du Primat à la cause de l'impératrice a surtout été attribué à Thomas Becket. Cette circonstance devait prévenir favorablement le nouveau Souverain. Aussi Henri II n'hésita pas à le nommer Chancelier (1).

Le pouvoir de Becket devint immense, et son crédit s'augmenta encore de l'amitié intime du Roi qui, sans s'arrêter aux distinctions éclatantes déjà accordées, donna à son favori le gouvernement de la Tour de Londres, la garde du château de Berckhamstead, l'honneur de Eye (c'est-à-dire de relever immédiatement du Roi), avec les services de cent-quarante chevaliers. Il fut aussi nommé prévôt de Beverley et doyen d'Hastings. Sa magnificence était

---

(1) Le Chancelier, en vertu de sa charge, était garde des sceaux du Roi, signait ses dons et concessions, avait la tutelle des baronnies et des évêchés vacants; le droit de siéger dans le conseil sans y être appelé, etc., etc.

celle d'un Prince souverain : table splendide ouverte à tous ceux que leurs affaires appelaient à la Cour, représentation empreinte de noblesse, meubles somptueux, loisirs remplis par le jeu, la chasse et l'équitation, car Thomas Becket excellait dans tous les exercices du corps. Il n'était pas seulement grand par le faste, il l'était aussi par la générosité. Ses largesses, ses aumônes, répondaient à sa haute fortune. Enfin, dit un historien, il s'arrogea la préséance sur tous les barons laïques, et l'on comptait parmi ses vassaux, des milliers de chevaliers qui lui avaient spontanément rendu hommage, sous la seule réserve de fidélité envers le Souverain.

La splendeur, l'éclat, le prestige qui environnaient son ministre, loin de blesser Henri, étaient pour lui une cause de satisfaction; il en jouissait, et son orgueil se trouvait même flatté des honneurs rendus à l'homme qu'il avait élevé si haut, à celui avec lequel il vivait dans la plus entière familiarité. Les talents et les services de Thomas Becket justifiaient une telle faveur. Les historiens, les biographes, quoique d'opinion différente sur l'appréciation des actes du Chancelier, n'hésitent point, et cette unanimité mérite d'être constatée, à lui faire honneur des mesures qui illustrèrent les commencements du règne de Henri II. Les négociations les plus difficiles lui furent confiées. Son ambassade auprès de Louis-le-Jeune est restée célèbre. Par son habileté, il prévint une rupture entre les deux Souverains, et le mariage du fils de Henri avec la plus jeune des filles du Roi de France, fut résolu comme un gage de paix et d'alliance entre les deux princes.

La relation de la pompe que déploya Thomas Becket en France, à l'occasion de cette ambassade, et l'impression qu'elle produisit sur les populations nous ont été conservées. Voici quelle était sa manière de voyager. « Quand il entrait dans une ville, le cortége s'ouvrait par deux cent cinquante jeunes gens chantant des airs nationaux; ensuite venaient ses chiens accouplés. Ils étaient suivis de huit chariots traînés par cinq chevaux et menés par cinq cochers en habit neuf. Chaque chariot était couvert de peaux, et protégé par deux gardes et par un gros chien, tantôt enchaîné, tantôt en liberté. Deux de ces chariots étaient chargés de tonneaux d'ale (bière), pour distribuer à la populace; un autre portait tous les objets nécessaires à la chapelle du Chancelier; un autre encore, le mobilier de sa chambre à coucher; un troisième, celui de sa cuisine; un quatrième portait sa vaisselle d'argent et sa garde-robe; les deux autres étaient destinés à ses suivants. Après eux, venaient douze chevaux de somme, sur chacun desquels était un singe, avec un valet (groom) derrière; paraissaient ensuite les écuyers, portant les boucliers et conduisant les chevaux de bataille de leurs chevaliers; puis encore d'autres écuyers, des enfants de gentilshommes, des fauconniers, les officiers de la maison, les chevaliers et les ecclésiastiques, deux à deux et à cheval, et, le dernier de tous enfin, arrivait le Chancelier lui-même, conversant avec quelques amis. Comme il passait, on entendait les habitants du pays s'écrier « *Quel homme doit être le Roi d'Angleterre, quand son Chancelier voyage en un tel équipage!* (1) »

(1) La question était fort naturelle. Mais les faits y répondaient d'une manière bien pénible pour la France, car alors le Vassal l'emportait de

L'harmonie, un moment rétablie entre les Rois de France et d'Angleterre, ne tarda pas à être troublée. Les paix qui intervenaient alors n'étaient, à vrai dire, que des trèves. Trop de points litigieux existaient d'une manière permanente entre le Suzerain et le Vassal, pour qu'à de courts intervalles de nouveaux dissentiments ne vinssent pas éclater.

Si Becket s'était montré négociateur habile, il sut aussi, dans l'occasion, faire preuve d'un brillant courage. Au milieu d'une armée nombreuse, nul ne se distingua autant que le Chancelier. Dans un temps où des évêques, des légats se mêlaient aux combats, il pensait qu'il lui était permis, à lui simple diacre, d'y prendre une part active. Aussi, Thomas Becket, qui avait levé à ses frais un corps de sept cents chevaliers, ne craignait-il pas de marcher à leur tête et de payer bravement de sa personne. C'est ainsi que Cahors fut pris, et que sans doute, si Henri n'eût été arrêté par un reste de déférence pour son Suzerain, il se serait rendu

beaucoup sur la puissance du Suzerain. En effet, par la mort de son père, indépendamment du royaume d'Angleterre, Henri II venait d'hériter de la Touraine et de l'Anjou; du droit de sa mère Mathilde, il possédait le Maine et la Normandie; et en épousant Éléonore de Guyenne que Louis-le-Jeune avait si impolitiquement répudiée, malgré l'opposition de l'abbé Suger, à cause de quelques légèretés commises par elle en Syrie pendant la croisade prêchée par Saint-Bernard (on la soupçonnait d'avoir un peu trop aimé le prince d'Antioche, et encore un jeune Musulman du nom de Saladin); par son mariage, disons-nous, avec Eléonore, Henri avait acquis les sept provinces du Poitou, de Saintonge, d'Auvergne, du Périgord, du Limousin, de l'Angoûmois et de la Guyenne. C'était le tiers de la France; puisque la presque totalité de la côte occidentale, à partir des frontières de Picardie, jusqu'aux montagnes de la Navarre, reconnaissait l'autorité du Roi d'Angleterre.

maître de Toulouse et de Louis VII lui-même qui venait de s'y enfermer. La guerre continuait : Thomas Becket dirigea personnellement l'attaque contre trois châteaux près de Cahors, regardés comme inexpugnables et dont il s'empara; comme prouesse, il joûta contre un chevalier français et ramena le cheval du vaincu pour attester sa victoire. Enfin, la carrière militaire du Chancelier se termina par un dernier service rendu à son Roi : il reparut en Normandie, conduisant douze cents chevaliers et quatre mille hommes de cavalerie levés et entretenus à ses frais; corps important à cette époque, et qui entrainait des dépenses fort considérables. Le secrétaire et le biographe de Thomas Becket, Fitz-Stephen, nous apprend que chaque chevalier recevait trois schellings par jour, pendant six semaines, et était nourri à la table du Chancelier.

VI.

Cependant, le titulaire de l'archevêché de Cantorbéry, Théobald, succomba sous le poids de l'âge et des infirmités. Sa mort, arrivée le 18 avril 1161, laissait à la disposition du Roi la plus haute dignité de l'église d'Angleterre. Déjà les courtisans voyaient dans le Chancelier, et osaient le lui dire, l'heureux successeur du Primat défunt. Thomas Becket reçut avec une sorte d'embarras et d'une manière ambiguë ces compliments empressés. Il alla même jusqu'à dire qu'il connaissait quatre pauvres prêtres qui avaient plus de droits que lui à cette dignité. Henri laissa s'écouler treize mois avant de faire connaître ses intentions ; c'est au bout de ce temps seulement qu'il envoya chercher à Falaise le Chancelier, lui enjoignit de se préparer à partir pour l'Angleterre, en lui annonçant que, sous peu de jours, il serait archevêque de Cantorbéry. On veut que Becket, après avoir promené un regard ironique sur ses vêtements, ait répondu qu'il n'avait pas trop l'apparence d'un archevêque. Lingard va plus loin, il affirme qu'il se défendit d'accepter cette dignité, suppliant le Roi de ne pas la lui conférer, parce qu'il lui deviendrait impossible de concilier les obligations de cette nouvelle charge avec ses devoirs actuels, source des faveurs et des bienfaits de son maître.

Becket était-il bien sincère dans son refus? La question a été diversement résolue par les historiens. Toutefois, il est permis d'admettre, sans le croire excessivement désintéressé, qu'il se trouvait satisfait de l'immense puissance dont il jouissait déjà. Henri II persista dans sa résolution; il s'abusa sur le caractère du Chancelier; il supposa que Becket, dont le dévouement jusque-là avait été sans bornes, resterait le même après sa promotion au siége de Cantorbéry. Qu'ainsi, dit Hume, *l'intention où il était de retrancher ou du moins de resserrer dans leurs anciennes limites les priviléges ecclésiastiques,* ne rencontrerait pas d'obstacles dans le nouveau Primat. Le légat Henri de Pise, ayant joint ses instances à celles du Roi, Thomas Becket se résigna enfin à accepter la dignité qui allait le rendre le personnage le plus éminent de l'Etat. Réunis dans la chapelle royale de Westminster, les Prélats et une députation des moines de Cantorbéry l'élurent à l'unanimité. Le prince Henri, en l'absence de son père retenu en Normandie, donna l'assentiment royal. Becket fut immédiatement ordonné prêtre par l'évêque de Rochester et le jour suivant consacré par Henri de Winchester. Les historiens ne sauraient taire que le désir d'être agréable au Souverain n'ait aidé à l'élection de Becket. Tous, il est vrai, déclarent qu'elle fut régulière.

La pompe la plus éclatante et la présence des personnages les plus considérables du royaume signalèrent la cérémonie du sacre du nouvel archevêque. Ce concert unanime d'empressements et de félicitations fut à peine troublé par une voix discordante, celle de Gilbert Foliot, évêque d'Oxford, prélat aux mœurs rigides, et qui possédait la science canonique au plus haut degré. Il osa dire que le Roi venait de faire un miracle éclatant en transformant un soldat en prêtre et un laïque en archevêque. Le mot était vif autant que sensé, sans doute, mais il eût eu plus de portée si le dépit, l'ambition trompée ne l'eussent inspiré au si rigide et si savant évêque d'Oxford.

La première partie de la vie de Thomas Becket est désormais close irrévocablement : il semble qu'elle soit séparée de la seconde par un mur infranchissable. Le passé et le présent auront deux faces, nous ne dirons pas différentes (le mot resterait faible et sans signification, car elles offrirent un contraste absolu), mais ennemies. Il va s'opérer un changement à vue. Le nouvel archevêque a pris au sérieux tous ses devoirs de prêtre et de Primat d'Angleterre. Il abjure aussitôt une vaine pompe, le faste personnel; plus de meute, les lévriers sont éloignés, les chasses se taisent, les dîners d'apparat deviennent de longs jeûnes ; à d'autres que lui les armures, le casque et l'épée. Au jeu, aux divertissements mondains succédèrent la prière, les lectures pieuses, les fortes études canoniques. Il se retrempe dans la solitude. Ses richesses, plus nombreuses que jamais, ne seront plus employées à satisfaire des goûts sensuels. La société lui inspire des craintes, de l'effroi. Il se sépare de cette foule de chevaliers, de gentilshommes naguère ses courtisans, ses commensaux de chaque jour : autre trésor qu'il se retranche, autre luxe qu'il coupe au vif ; car, on le sait, à cette époque reculée cette foule bruyante et dorée était la marque distinctive d'une existence toute royale. Ses revenus s'écoulent en aumônes, en charités infinies, et il ne conservera de sa représentation passée, que ce que sa dignité et les bienséances exigent. Enfin, il s'imposera des *règles journalières de mortifications secrètes.*

Ce n'est point encore assez ; il lui reste des scrupules. Cette haute place de Chancelier le gêne, l'inquiète, elle lui fait souci, il la trouve difficilement conciliable avec ses nouvelles et austères fonctions et il la résigne entre les mains du Roi. D'abord, Henri II ne fut personnellement qu'étonné d'une pareille abnégation. Mais la conduite de son ancien ministre, de son favori parut étrange aux autres : on y vit les signes d'une ambition sans limites, un calcul pour capter les suffrages de la multitude, enfin un moyen de conquérir plus sûrement dans la suite un pouvoir qui effaçât celui du Roi. Les bons amis de Cour firent le reste et achevèrent d'éteindre dans le cœur du Souverain l'attachement qu'il avait conservé jusque-là pour Thomas Becket. Henri était défiant, passionné, irritable, il en vint à s'effrayer même de ces talents et de cet esprit de résolution qu'il avait tant loués et récompensés dans son ancien Chancelier. A partir de ce moment, il lui voua autant de haine qu'il lui avait porté jadis d'affection.

Ces changements opérés dans le caractère de Becket et dans celui de Henri, il était aisé de prévoir que le combat ne tarderait pas à s'engager entre l'ancien favori et le maître. Les nombreux écrivains qui ont retracé cette époque, ne s'accordent pas sur toutes les causes de la rupture. Un point du moins est resté incontestable : c'est que le motif déterminant, capital du débat, fut un dissentiment profond sur la juridiction des Cours ecclésiastiques (1). Nous ne pouvons ni ne voulons entrer dans de grands développements, car ce serait presque risquer de faire un cours de théologie, s'exposer à analyser les canons, à faire

---

(1) Sous les Anglo-Saxons la limite des juridictions (civiles et ecclésiastiques) était restée confuse et indéterminée. Mais après la conquête des Normands, les deux juridictions furent entièrement séparées par le nouveau Souverain. Dans chaque diocèse, des Cours *chrétiennes*, c'est-à-dire des tribunaux composés d'évêques et d'archidiacres, furent établies sur le modèle et avec toute l'autorité des Cours similaires constituées dans les autres parties de l'église d'Occident. — L'origine des Cours ecclésiastiques remontait aux temps primitifs du Christianisme. Elles avaient, en quelque sorte, pris naissance, comme l'a dit un savant Prélat, dans « cette exhortation faite aux premiers hommes qui professèrent cette religion de soumettre leurs différends à l'autorité paternelle des évêques. » On comprend donc comment, plus tard, le clergé a voulu, tout au moins, conserver le droit de juger ses membres et de les soustraire ainsi aux tribunaux civils. Tant qu'il est resté un corps à part dans l'Etat, sa prétention a pu triompher; mais du jour aussi où ses membres n'ont plus eu que le caractère de citoyens sans priviléges spéciaux, cette immunité, cette exception devaient disparaître.

intervenir les noms de Théodose, de Constantin, de Charlemagne et de bien d'autres encore. Contentons-nous de préciser, le plus brièvement possible, la cause première de cette lutte qui se termina d'un manière si déplorable.

La première attaque porta sur le point le plus vulnérable : la juridiction criminelle.

Les canons ayant exclu les ecclésiastiques des jugements de sang, il en résultait que les peines les plus rigoureuses qu'elles pussent infliger étaient la flagellation, l'amende, l'emprisonnement et la dégradation. On prétendit, et avec toute raison, que de tels châtiments étaient insuffisants pour réprimer les délits plus graves, et que le résultat de cette faiblesse dans la pénalité était d'encourager les désordres en ménageant une sorte d'impunité aux coupables. Les conséquences de cet état de choses allaient plus loin encore, tout individu tonsuré, qu'il eût ou non reçu dans la suite les ordres sacrés, pouvant réclamer les priviléges cléricaux. Il devait donc arriver, dans ces temps de violence où le clergé comptait beaucoup de criminels, que les coupables demeurassent impunis ou qu'ils ne fussent condamnés qu'à des peines inefficaces et sans proportion avec les crimes commis.

Le parti opposé à l'archevêque, le Roi et les barons soutenaient dans l'intérêt de leurs prétentions que plus de cent homicides, dans le cours des dix années précédentes, pouvaient être reprochés à des ecclésiastiques. Ce nombre a été contesté, mais il demeure avéré qu'il s'écartait assez peu de la vérité. La querelle ne tarda pas à devenir ardente et passionnée. L'intérêt qu'avait d'ailleurs chacun des deux partis à faire prévaloir sa juridiction était manifeste; car l'un et l'autre, il faut le dire, étaient dans l'usage de s'attribuer une part considérable sur les amendes et les confiscations prononcées dans leurs Cours respectives.

Bientôt Henri, plus irrité que jamais, imagina de transporter la lutte sur un autre terrain, en posant une question captieuse. Il demanda aux évêques s'ils consentaient à jurer *d'observer les anciennes coutumes du royaume?* Mais quelles étaient ces coutumes? Elles ne se trouvaient pas même indiquées. L'archevêque, voulant éviter un piége, déclara qu'il les observerait *sauf les priviléges de son Ordre.* La même réponse fut faite par tous les évêques à l'exception d'un seul, celui de Chisester. Le Roi, furieux de cette tendance universelle à lui résister, envoya le lendemain au Primat un ordre qui le privait de l'honneur d'Eye et lui enlevait le château de Berckhamstead. Si les évêques paraissaient unanimes sur le danger de prêter un serment qui renfermait la ruine non pas d'une, mais de toutes les immunités de l'Eglise, ils pensaient aussi que la prudence commandait quelques tempéraments. Becket rejeta d'abord bien loin ces idées de modération. Cependant, on le persuada que Henri se contenterait du seul honneur de la victoire et n'en abuserait pas. Le Primat céda, se rendit à Woodstock, et là retira ces expressions fatales, *sauf les priviléges de son Ordre*, qu'il avait la première fois ajoutées à son serment. Aussitôt après il est gracieusement accueilli par le Roi et l'on convient que pour achever de lever d'autres difficultés, nées du même conflit et non encore résolues, on convoquera un grand concile à Clarendon.

Dans la première séance de ce concile qui devait apaiser et pacifier, tout changea de face. A cette réunion qui eut lieu le 25 janvier 1164, les paroles cessent d'être gracieuses, les ménagements disparaissent; et quand d'un ton irrité Henri II réclama la prestation du serment promis, Thomas Becket déclare qu'il entend réserver la clause exceptionnelle. La colère du Roi devint alors redoutable; il accusa, il récrimina avec énergie, il menaça le Primat de l'exil et de la mort. A un signe de sa main, la porte de l'appartement voisin s'ouvre, et des chevaliers nombreux sont là, l'épée nue, témoignant par leur attitude que le Souverain veut être obéi. La conjoncture était grave et pressante. Becket, sans abandonner son opinion, cède pour prévenir le massacre des évêques, et il *s'engage sur la parole de vérité à observer les coutumes, tout en demandant que le Roi veuille bien l'informer en quoi elles consistent.* Mais elles étaient si mal définies, si peu connues ces *coutumes*, qu'il fallut, ainsi qu'on devait s'y attendre, créer un comité de recherches afin de les formuler. Toutefois, dès le lendemain, si elles n'avaient pas été retrouvées, elles furent censées apparaître dans les seize constitutions dites de Clarendon, dont trois copies furent faites et signées par le Roi, les Prélats et trente-sept barons. Henri somma les évêques d'y apposer leurs sceaux, ce qu'ils ne purent refuser. Quant au Primat, il répondit *qu'ayant exécuté tout ce qu'il avait promis, il ne ferait rien de plus.*

On a blâmé la conduite tenue par Thomas Becket dans cette circonstance. Mais, si l'on aperçoit des tergiversations dans ses résolutions, on doit penser qu'il n'y eut pas du moins de duplicité.

Il céda parce qu'il ne voulut pas que sa persistance devînt le signal du massacre des évêques. Et ce qui prouve que cette interprétation ne s'écarte point de la vérité, qu'elle n'est qu'une saine appréciation des intentions du Primat, c'est qu'à peine de retour à Cantorbéry, il fut assailli de scrupules, c'est qu'il condamna avec amertume sa dernière faiblesse, et qu'en proie aux remords, au désespoir qu'elle lui causa, il alla même jusqu'à s'interdire les fonctions sacrées qu'il exerçait, se regardant comme indigne de les continuer ; puis il soumit au Pape Alexandre III le récit fidèle de ce qui s'était passé, et sollicita son absolution.

Dès ce moment disparut tout espoir de rapprochement entre Henri et l'archevêque. Le mécontentement du Roi s'accrut encore lorsqu'il vit que le Souverain Pontife, loin de blâmer le Primat, épousait ouvertement ses principes. Cette solidarité l'exaspéra. La ruine de Becket devint l'unique pensée du Roi. On laissa de côté la question des *coutumes* pour porter de plus rudes coups à l'Archevêque qui fut cité à comparaître dans un grand concile réuni, le 13 octobre 1164, à Northampton. Toujours fort de son droit, Becket s'y rendit. Le refus du Roi de recevoir le baiser de paix lui fit comprendre l'étendue du danger qu'il allait courir. Il ne se trompait pas : Henri remplit le rôle d'accusateur, il lui reprocha d'avoir commis des actes de mépris contre le Souverain dans l'exercice de ses fonctions judiciaires. Vainement Becket chercha-t-il à s'excuser : le Roi s'écria qu'il serait vengé, et la Cour dévouée et complaisante ne demandait pas davantage pour se prononcer. Elle condamna Becket à être à *la merci du Roi*, ce qui signifiait que tous ses biens, meubles et immeubles, allaient être confisqués, peine qui, selon l'usage, se convertissait en une amende. L'amende infligée à Becket fut fixée à 500 livres sterlings. Cependant, tout en affectant de lui appliquer la loi, on la viola en lui. Car cette amende qui remplaçait la confiscation, déterminée pour chacun des comtés, ne s'élevait pour celui de Kent qu'à 40 schellings, et c'était dès lors cette somme qu'on devait lui faire payer. Enfin, ce qui mérite ici attention, dans aucun comté elle n'atteignait les 500 livres sterlings. Le lendemain, aggravation de peine pour une faute déjà expiée. Le Roi — toujours le Roi ! — ordonne que Becket restituera les 300 livres qu'il a reçues lorsqu'il était gouverneur d'Eye et de Berckhamstead. Trop fier pour descendre à des questions d'argent, l'ancien Chancelier répondit qu'il paierait les 300 livres quoique cependant il eut consacré des sommes considérables à réparer ces deux châteaux.

La vengeance du Roi ne s'arrête pas encore. Becket remboursera les 500 livres que le Roi lui a fait compter lorsqu'il était sous les murs de Toulouse. Si l'ancien Chancelier objecte avec courtoisie que cette somme fut un don de la Couronne, un présent royal, Henri soutient, lui, que c'était un service rendu, un prêt et qu'il suffit qu'il le déclare pour que l'assertion de Becket soit vaine. Le troisième jour une prétention plus exorbitante que les précédentes est produite : il faut que le favori déchu rende compte de toutes les recettes provenant des abbayes et des évêchés qu'il a administrés pendant qu'il exerçait les fonctions de Chancelier ; et pour éviter les longueurs et les supputations, trancher les difficultés, Henri estime que le Primat est redevable à la Couronne d'une somme de quatre mille marcs. A ce dernier coup l'archevêque fut frappé d'étonnement, interdit, tellement la demande dépassait les limites même de l'injustice. Après quelques instants de réflexion cependant, il rappelle que, lors de sa consécration, le prince Henri et le comte de Leicester l'avaient solennellement et publiquement, d'après les ordres du Roi, affranchi, mis complètement à l'abri de toute réclamation semblable. Il ajouta, enfin, qu'en subissant une exigence à la fois si peu prévue et si grave, il demandait de recevoir les conseils des évêques ses collègues.

C'en était fait, la perte du Primat, devenue la pensée fixe de Henri II, s'accomplirait : rien ne le protégeait plus; ni les honneurs mérités, ni les titres acquis, ni les services rendus. Une vengeance implacable le poursuivait pied à pied. Foliot, que nous avons vu si rigide, convoitait dans l'ombre les dépouilles de Becket; et, dans l'espérance de lui succéder, il ne craignit pas de l'exhorter honnêtement à se démettre du titre d'archevêque de Cantorbéry. Le Primat rejeta cette proposition qui, s'il l'eût accueillie, consommait sa dégradation.

Au milieu de ses perplexités, Becket forma un moment le projet d'aller, pieds-nus, au palais de Henri II et là d'invoquer à genoux son pardon et d'obtenir à force de pitié une réconciliation nécessaire au repos de l'Eglise. Mais cette pensée ne fit que traverser son esprit. Se relevant avec toute l'énergie de son passé, pénétré de la sainteté de son caractère comme Primat du royaume, le matin, après avoir dit la messe de Saint-Etienne, premier martyr, il se rendit à la Cour, non pas comme un suppliant qui va chercher son pardon, mais dans l'attitude grave et ferme d'un égal, le front à découvert, revêtu de ses habits pontificaux, s'appuyant sur le bâton archiépiscopal. Son parti était pris. Plus d'hésitation, plus d'abaissement inutile, Becket affronte avec une courageuse résignation toutes les conséquences de sa nouvelle conduite; il sera inébranlable; il entrevoit, il accepte, il attend le martyre! Que lui importent donc de vains ménagements!

A son entrée dans le palais, les courtisans s'écartent. Le roi avait encouragé cette manifestation en se retirant le premier devant la présence de l'archevêque : les barons, les évêques, les évêques eux-mêmes, ont suivi l'exemple du Roi. Le Primat résigné s'assied sur un banc et, calme, il attend la résolution qui sera prise.

Dans la pièce voisine, les menaces les plus véhémentes s'échappaient à flots de la bouche du Roi. En proie à une colère qui brisait tout devant elle, il accusa de pusillanimité les favoris qui l'entouraient. De telles paroles dans un pareil moment devenaient alarmantes. Les évêques conjurèrent Becket de céder. Celui d'Exeter le supplia d'avoir pitié de lui-même et de l'Ordre épiscopal : car le Roi avait menacé de mort celui qui oserait plaider en sa faveur. — « Fuyez donc, répliqua-t-il; car, je le vois, vous ne pouvez comprendre ce qui vient de Dieu. » — Sa résistance inébranlable appela ces paroles qui lui furent adressées au nom des évêques par Hilaire de Chisester : « Vous fûtes notre
» Primat; mais en vous opposant aux coutumes royales, vous
» avez rompu votre serment de fidélité au prince. Un archevêque
» parjure n'a aucun droit à notre obéissance. De vous donc nous
» appelons au Pape et vous sommons de nous répondre devant
» lui. — J'écoute, » répondit simplement le Primat.

Une autre scène reste à citer de ce grand drame historique. Il régnait un silence profond lorsqu'une porte s'ouvrit, donnant passage au comte de Leicester suivi de tous les barons. Le comte ordonna à Becket d'écouter sa sentence. « Ma sentence! inter-
» rompit l'archevêque; ô comte, mon fils, écoutez-moi d'abord.
» Vous savez avec quelle fidélité j'ai servi le Roi; avec quelle
» douleur, pour lui plaire, j'ai accepté mon office actuel; et
» comment il m'a déclaré libre de toutes réclamations séculières.
» Je ne dois pas répondre de ce qui s'est fait avant ma consé-
» cration : non, je ne le ferai point. Vous savez, en outre, que
» vous êtes mon fils en Dieu; ni la loi, ni la raison ne vous
» permettent de juger votre père. Je récuse conséquemment votre
» tribunal, et je réfère de ma querelle à la décision du Pape. J'en
» appelle à lui seul : et maintenant je puis partir sous la protection
» de l'Eglise universelle et du Saint-Siége apostolique. » En proie à une vive agitation, il marchait le long de la salle lorsqu'une voix l'appela traître. Il s'arrêta aussitôt et se retournant brusquement : « Si le caractère de mon Ordre ne me l'interdisait, le
» couard (coward) se repentirait de son insolence. »

Si Becket eût éprouvé le besoin d'être encouragé dans sa résolution de défendre ce qu'il considérait comme les droits de l'Eglise, les acclamations que firent éclater le peuple et le clergé à sa sortie du palais n'eussent pu qu'accroître encore ses convictions.

Sa sûreté lui commandait, non-seulement de quitter Northampton, mais de s'éloigner au plus vite de l'Angleterre et de passer sur le continent. Pour tromper les espions dont il était entouré, il fit dresser un lit dans son église, et dès que la nuit fut venue, il sortit accompagné de deux clercs et d'un seul serviteur. Un vaisseau l'attendait : il s'embarqua furtivement, et le frère Christian (c'est le nom qu'il avait pris durant son voyage) aborda à Gravelines, après quinze jours d'une navigation des plus périlleuses.

Son premier soin en arrivant en France fut de se présenter au Roi Louis VII, qui l'accueillit avec une sorte de respect et d'admiration. De Paris il se rendit à Sens où se trouvait alors Alexandre III, qui le reçut avec bonté et condamna dix des constitutions de Clarendon. Animé du désir de faire cesser une situation qui pouvait, en se prolongeant, amener de nouvelles violences et placer le Saint-Siége dans un embarras sérieux, Becket offrit au Pape de remettre entre ses mains son archevêché; mais Alexandre refusa cette concession, parce qu'il ne voulait pas abandonner, dit-il, celui qui avait préféré courir les plus grands dangers, plutôt que de déserter les intérêts de l'Eglise.

VII.

Un asile s'ouvrit alors au Primat d'Angleterre : l'abbaye de Pontigny le reçut à la fin de l'année 1164. La protection du Pape l'y suivit, et les égards, le respect, l'admiration l'accueillirent dans cette retraite où il voulut vivre dans la plus grande simplicité, revêtu de l'habit que portaient les moines. Fidèle à ce genre d'existence, il se dérobait aux soins d'une hospitalité pleine de dévouement. Plus d'une fois il écarta les mets recherchés qu'on lui servait, voulant s'astreindre au régime de la Communauté.

Henri II, dans son inflexible vengeance, ne se contenta pas de la confiscation des biens de l'archevêque; il saisit aussi les revenus des ecclésiastiques qui allèrent rejoindre Becket, dont le nom fut rayé de la liturgie. Le bannissement atteignit, sans exception, ses parents et ses amis. Cette liste de proscription ne s'éleva pas à moins de quatre cents noms. Mais, ce qui se comprend à peine, c'est le serment imposé par le Roi à tous ces malheureux, d'aller faire à Becket le récit des maux qu'ils souffraient pour lui.

L'accomplissement de cette cruelle promesse amenait chaque jour à Pontigny ces tristes victimes de leurs sympathies; et l'archevêque entendait leur douleur, puisque tel était le bon plaisir du Roi. Ces scènes déchirantes se renouvelaient bien souvent. Une pareille épreuve était peut-être le plus pénible des maux qu'il endurait dans son exil. Les souffrances de ses amis furent enfin adoucies par les secours qu'ils reçurent du Souverain Pontife, du Roi de France et de la Reine de Sicile.

Henri II n'était pas satisfait : l'Ordre de Cîteaux ne tarda pas à apprendre qu'il ne donnerait pas impunément asile au proscrit que poursuivait de sa haine et de sa colère un Souverain tel que lui. L'abbé de Cîteaux fut prévenu que, si Becket demeurait plus longtemps à Pontigny, tous les membres de cet Ordre seraient, sans exception, expulsés des Etats du Roi d'Angleterre. Cette menace, qui eût été suivie d'une prompte exécution, ne permettait pas à l'archevêque d'exposer au bannissement un aussi grand nombre de religieux. Il céda donc à cette grave considération, et s'éloigna de Pontigny vers la fin de 1166, après un séjour de près de deux ans dans cette retraite. Heureusement il trouva près de Sens, grâce à la protection de Louis VII, un refuge dans l'abbaye de Sainte-Colombe, où il resta trois ans et demi, c'est-à-dire, jusqu'au moment de son retour en Angleterre (1).

Plus d'une fois, du fond de sa cellule, Becket porta le trouble dans la conscience du puissant Monarque; si l'on peut appeler conscience la violente obstination d'un prince ombrageux, mais pas assez fort cependant pour braver toutes les colères qu'il avait allumées un peu partout contre lui, en persécutant son ancien favori. Des doutes lui vinrent, car il n'était privé ni de bon sens, ni de prévoyance, sur les résultats de son œuvre de dureté, quand il vit qu'une opinion ne mourait jamais dans des persécutions, pour peu qu'elle touchât aux croyances du peuple. Effrayé d'ailleurs par les foudres ecclésiastiques, Henri se radoucit et parut consentir à une réconciliation avec l'archevêque. Une entrevue fut même convenue, et leur rencontre eut lieu dans une vaste prairie près de Freitville, sur les limites de la Touraine (juillet 1170). « Aussitôt que parut Becket, dit Lingard, le Roi poussa son

---

(1) On conserve encore, dans le trésor de la cathédrale, les vêtements sacerdotaux de saint Thomas de Cantorbéry, tels que : une chasuble de forme grecque avec le manipule, l'étole, le cordon, les tunicelles et les mitres. Ces ornements furent trouvés en 1523 dans une ancienne maison située dans le cloître près de la cathédrale. — Les restes de l'abbaye de Sainte-Colombe-lès-Sens, où résida Becket, ont été récemment achetés par quelques religieuses pour y établir une école de filles pauvres.

cheval en avant, et, sa toque à la main, prévint son salut; et comme s'ils n'eussent jamais été divisés, il causa avec lui avec cette familiarité aimable qui avait distingué leur ancienne amitié. » Durant cette entrevue, bien des paroles de paix furent adressées par Henri au Primat. Mais elles n'étaient pas plus sincères que les promesses de le rétablir pleinement dans tous ses droits. La dissimulation du Roi fut profonde, la confiance de l'archevêque beaucoup trop grande envers celui qui s'était joué de son dévouement sans bornes; il crut au retour des sentiments d'affection de son Souverain.

Hâtons-nous d'arriver à la dernière scène d'un drame dont nous avons retracé les principales péripéties. Le Primat retourne en Angleterre, il rentre à Cantorbéry. Mais les promesses du Roi ne se sont pas accomplies; ses biens restent confisqués, et ses provisions mêmes, ses aliments sont interceptés. La fatale publicité donnée par Becket à des lettres d'excommunication lancées précédemment contre l'archevêque d'Yorck et d'autres prélats, qui avaient, au mépris des droits du Primat, assisté au couronnement du jeune Henri, fils du Roi, rompit des dispositions pacifiques, à la vérité d'une bien faible consistance, remit tout en question (1). L'archevêque d'Yorck accourut aussitôt à Bayeux où se trouvait Henri II, se plaignit amèrement et laissa échapper cette parole imprudente : « Tant que Becket serait en vie, le Roi ne devait s'attendre à jouir d'aucune paix, d'aucune tranquillité. » Et c'est

(1) Par mesure politique, Henri II, de son vivant, avait cru utile de faire couronner son fils comme son successeur.

dans ce moment que Henri II s'écria : « *De tous les lâches qui mangent mon pain, n'est-il aucun qui veuille me délivrer de ce prêtre turbulent ?* » Présents à cet entretien, quatre gentilshommes de sa maison, Réginald Fitzurce, Guillaume de Tracy, Hugues de Moreville et Richard Breton, prirent ces expressions pour un ordre tacite de le délivrer de Becket, et passèrent secrètement en Angleterre (1).

Le 29 décembre, ces quatre chevaliers, dont trois avaient autrefois participé aux largesses de Becket, quand il était au sommet de la faveur, arrivèrent à Cantorbéry. Ils cherchèrent d'abord à intimider l'archevêque qui, faisant allusion aux services qu'il leur avait rendus, leur répondit : « Je suis surpris, d'après ce qui s'est passé entre nous, que vous veniez me menacer dans ma propre maison. » Nous ferons plus que des menaces, fut leur seule réponse. Peu d'instants après, ses amis, entendant les moines qui chantaient les vêpres, eurent l'idée que le Primat, dont la position les effrayait, serait plus en sûreté dans l'église. Becket consentit à s'y rendre. Mais dès qu'il s'aperçut qu'on fermait les portes, il s'y opposa, disant que le temple de Dieu ne devait pas être fortifié comme un château. Il remontait les degrés du chœur, quand les quatre chevaliers, suivis de douze hommes armés, se précipitèrent dans l'église. Loin de chercher à se dérober dans les

---

(1) Hume prétend que le Roi, après la disparition des quatre gentilshommes, ayant su qu'ils avaient laissé échapper des paroles menaçantes contre l'archevêque, envoya des émissaires pour s'assurer de leurs personnes, mais qu'il fut impossible de les rejoindre. Toutefois, cette assertion de l'écrivain protestant n'est pas admise par d'autres historiens.

souterrains, comme il en avait la possibilité, car il faisait presque nuit, il s'avança à leur rencontre. L'un d'eux s'écria : où est le traître? Il garda le silence; mais quand Réginald demanda où est l'archevêque ? « Il répondit : me voilà ; je suis l'Archevêque et non le traître. Réginald, tu as souvent éprouvé les effets de ma protection bienveillante, quel est maintenant ton but? Si vous en voulez à ma vie, je vous commande, au nom de Dieu, de ne toucher à qui que ce soit de mon peuple. » — « Il faut absoudre les évêques. — Jusqu'à ce qu'ils aient offert satisfaction je ne le ferai point. — « Meurs donc! » s'écria l'assassin. Blessé à la figure, Becket joignit les mains et baissa la tête, en disant : « Au nom de Jésus-Christ, et pour la défense de son Eglise, je suis prêt à mourir. » Il reçut un second coup qui le jeta sur ses genoux, le troisième l'étendit à terre, au pied de l'autel de Saint-Bennet. Le crâne était brisé; Hugues de Morsea, mettant le pied sur le cou de l'archevêque, fit jaillir la cervelle avec la pointe de son épée.

Thomas Becket avait cinquante-trois ans lorsqu'il fut assassiné; cette terrible nouvelle vint frapper de trouble et d'épouvante Henri qui était alors à Bure en Normandie, célébrant joyeusement, au milieu d'une Cour insoucieuse et folle, les vacances de Noël. Il est permis de croire à la sincérité de ses émotions. Les conséquences politiques du meurtre du Primat s'offrirent tout à coup à son esprit sous des aspects menaçants. Les historiens sont unanimes pour constater que durant plusieurs jours il s'enferma, refusant de toucher à aucun aliment. L'excommunication se montrait en perspective, elle tonnait dans le lointain. Quelle influence n'exercerait-elle pas sur la fidélité de ses sujets, lancée contre lui pour un pareil motif? Plus calme, ce fut d'abord à prévenir un danger si grave et si imminent qu'il s'appliqua. Mais pour le conjurer, il dut s'humilier (1).

Il ordonna de faire enterrer l'archevêque avec toute la pompe qu'exigeait son rang, après quoi tout office cessa dans l'église de Cantorbéry. La célébration du culte n'y fut reprise qu'au bout d'une année et lorsque les pierres souillées par le sang furent purifiées par une nouvelle consécration. Chaque jour on proclamait de nombreux miracles accomplis sur la tombe du dernier archevêque, et, deux ans plus tard, Rome inscrivait son nom parmi les Saints. Mais l'expiation n'était pas accomplie : le Souverain le plus puissant de son siècle, vêtu en pèlerin, pieds-nus, vint mériter son absolution au tombeau du Primat. Là, il reçut la flagellation des mains d'un moine, et, sans prendre de nourriture, passa en prières un jour et une nuit.

Les historiens ont jugé diversement Thomas Becket; sa conduite a été attribuée par les uns à une ambition démesurée, par les autres à une conviction énergique. Mais tous, sans exception, ont reconnu que c'était un grand talent, une grande âme, un grand

---

(1) A l'égard des meurtriers du Primat, on comprend que l'embarras du Roi fût extrême. Les punir, après les paroles provocatrices qu'il avait si imprudemment prononcées, devenait une perfidie; les absoudre, c'était presque s'associer à leur crime. Le plus expédient était donc de les abandonner aux Cours ecclésiastiques et c'est le parti auquel il s'arrêta. En conséquence, on les envoya à Rome, et Alexandre les condamna à faire un pèlerinage à Jérusalem; châtiment équivoque, il nous semble; mais qui, par le fait, devint réel, parfaitement efficace, car tous y périrent.

courage. Ce talent fut immense, cette âme des plus fortes, ce courage ne fut jamais surpassé. Ses mœurs restèrent irréprochables au milieu du luxe et du faste dont il s'entoura lorsqu'il exerçait la charge de Chancelier. Aucune voix non plus ne s'est élevée pour nier son désintéressement à l'époque où il disposait d'immenses revenus. Bossuet a prononcé sur lui, dans son style imposant, ce remarquable jugement :..... « Il acheta la liberté de dire la
» vérité, comme il la croyait, par un mépris courageux de la vie
» et de toutes ses commodités ; il combattit jusqu'au sang pour
» les moindres droits de l'Eglise.... toujours intrépide et toujours
» pieux pendant sa vie, il le fut plus encore à sa dernière heure.
» Sa gloire vivra autant que l'Eglise... (1) »

(1) Thomas Becket fut peut-être, avant comme après sa mort, l'un des exemples les plus frappants de la mobilité des jugements humains, et de cette diversité de fortune qu'elle produit.

Cinquante années s'étaient à peine écoulées que la mémoire du Primat d'Angleterre recevait les plus grands honneurs. En 1221, Henri III faisait placer son corps dans une chapelle dont la magnificence n'avait jamais été égalée, et chaque jour de pieuses et innombrables offrandes ajoutaient encore à son éclat. L'anniversaire de cette translation fut une fête marquée par le concours des fidèles au pied du tombeau du saint archevêque. Un Jubilé fut célébré tous les cinquante ans, et devint l'occasion d'indulgences plénières accordées par le Pape à tous ceux qui accouraient s'agenouiller devant la tombe du Primat. En une seule année, on compta jusqu'à cent mille pèlerins venus à Cantorbéry. Une autre année, les offrandes faites à sa chapelle dépassèrent les dons déposés sur le maître-autel consacré à Dieu. Voici dans quelles proportions la piété des fidèles se manifesta. La chapelle de la Vierge n'obtint que 4 livres 1 schelling 8 deniers sterlings; le maître-autel n'eut rien, tandis que la chapelle de Saint-Thomas reçut 950 livres 6 schellings 3 deniers sterlings. Enfin, Louis VII fit un pèlerinage au tombeau de Becket et il y déposa le joyau le plus riche de la chrétienté.

Mais tous ces honneurs cessèrent quand Henri VIII se sépara de l'Eglise romaine. Son premier soin fut de s'emparer du trésor que la piété avait grossi durant près de deux siècles dans la chapelle de Saint-Thomas. Puis, par une décision d'un merveilleux burlesque, il imagina de citer le Saint à comparaître devant une Cour de justice. Celui-ci ayant négligé de répondre à la citation, un jugement en bonne forme intervint qui le condamna comme traître et félon. Après quoi on supprima sa fête, on fit disparaître son nom du calendrier et des bréviaires. Il semblait que l'exécution fût complète. Mais Henri VIII pensa qu'il devait faire brûler les os de saint Thomas, qu'il convenait aussi que ses cendres fussent jetées au vent, et il se passa encore cette double fantaisie. Depuis, le tombeau de l'archevêque de Cantorbéry n'a pas été rétabli.

VIII.

L'abbaye de Pontigny continuait à grandir : elle avait vaincu les difficultés et les entraves qui font obstacle à tout établissement nouveau ; elle atteignait la période de force et de durée. Les Rois de France témoignaient leur intérêt pour le monastère, par le bienfait de leur présence. Louis VII s'y rendait en 1177, et Philippe-Auguste un peu plus tard l'honorait de sa visite. Les moines mettaient à profit ces témoignages de la faveur royale, soit pour obtenir des chartes protectrices contre les seigneurs voisins, qui eussent conçu la pensée de les troubler dans la jouissance de leurs propriétés déjà acquises, soit afin d'exciter, de faire naître de nouvelles libéralités. Le Souverain lui-même ne dédaignait pas d'être témoin dans les actes de donation en faveur du monastère. Dès 1151, Louis VII avait donné cet exemple.

Ignorant les prescriptions légales qui règlent dans les temps modernes, avec autorité et précision, les transactions, la société avait alors besoin de recourir à un certain appareil qui suppléât nos codes. S'agissait-il d'une donation importante, on voulait qu'elle s'accomplît avec solennité. Là, dans une plaine, « Sous les grands ormes » comme disent les chartes, au milieu d'une assemblée nombreuse, l'évêque remplissait l'office de notaire (titre alors qui n'existait pas). Le Prélat recevait des mains du donateur le gage, objet symbolique de la chose donnée. Ce gage de la transmission de propriété variait ; tantôt c'était une simple motte de terre, quelquefois une pierre, ou bien un livre, un baiser, un cheval. Dans de certains cas l'objet symbolique du don était déposé sur l'autel. Et dans l'acte dressé pour la donation figuraient de nombreux témoins : les barons, les abbés, les religieux et les vilains présents ; puis, la charte était scellée du sceau épiscopal et remise au nouveau propriétaire. Les donations se recevaient encore dans l'intérieur des églises. La sainteté du lieu ajoutait une force de plus aux engagements pris. Presque toujours on avait soin de faire intervenir les femmes et les enfants. Car il importait, à cause des grossières imperfections de tous ces contrats, de chercher et d'évoquer toutes les garanties capables de contribuer à leur assurer le caractère immuable qu'il était dans la pensée des donateurs de leur imprimer.

A l'époque où fut fondé Pontigny, une nombreuse milice féodale couvrait le pays. Elle occupait les châteaux de Seignelay, Ligny, Bassou, Vergigny, Maligny, etc., etc. Le sol, en outre, se trouvait subdivisé en petits fiefs qui relevaient des possesseurs de ces châteaux, selon l'axiome inflexible, *nulle terre sans Seigneur*. On voit par suite de ce principe, que, lorsqu'un simple écuyer ou homme d'armes fait un don à l'abbaye, son seigneur féodal confirme la donation, et quelquefois même un troisième seigneur supérieur aux deux autres apparaît afin d'approuver la ratification et de confirmer le don.

Parmi les faits étranges, produit du système féodal, nous remarquons que la *chose* donnée, dans deux circonstances, se composait de personnes. Nous disons la *chose* et non sans raison : car, franchement, des hommes qu'on *possédait* et qu'on pouvait aliéner ainsi se trouvaient assimilés à un champ, à un pré. Flétrir de tels actes est superflu, mais les comprendre à l'heureuse distance qui nous en sépare est bien plus difficile. Voici pourtant deux donations qui n'étaient nullement anormales, bizarres, monstrueuses à la fin du douzième siècle et au commencement du treizième. D'abord Mahault, comtesse d'Auxerre, de Nevers et de Tonnerre, après avoir eu la précaution de rappeler les droits qu'avaient les maîtres sur leurs serfs, donne à l'abbaye de Pontigny, pour fonder à perpétuité l'anniversaire de Gui, son mari, trois personnes ou trois serfs, savoir : la femme Bossel de Tonnerre, son mari, leur fils Etienne, avec leurs biens. La transmission est faite sans réserve aucune, car elle veut, s'ils commettent quelques crimes, qu'ils soient directement justiciables des religieux et leur *obéissent en toutes leurs volontés*. Second exemple : Pierre de Courtenay II donne pareillement au monastère, en 1212, une famille entière, ne se réservant sur elle ni droit de justice, ni aucune espèce de coutume. Et, ce qui sans doute ne fut pas moins agréable aux moines, c'est qu'il ajouta à cette pieuse libéralité cent arpents de bois à prendre dans la forêt de Bar, et cela pour le salut de son âme, de celle d'Yolande, sa femme, et de celles de ses enfants. Il réclame également des prières pour le repos de défunte Agnès, très-illustre comtesse de Nevers; sa première femme. Pierre de Courtenay déclare enfin que lui et Yolande ont choisi l'église de Pontigny pour le lieu de leur sépulture.

En multipliant ces citations nous voudrions, par une puissance rétrospective, placer le lecteur dans le milieu où pensaient et agissaient les générations de ces temps reculés. Nous n'avons pas d'autre but quand nous reproduisons, dans leur sincérité naïve, ces actes pleins d'un despotisme consciencieux. Aliénor avait reçu de Blanche, comtesse de Champagne, et de Thibault, son fils, lorsqu'elle épousa Milès III, seigneur d'Ervy, trois cents livres en mariage; elle en donna cent à l'abbaye de Pontigny, pour le *remède de son âme* et de celles de ses ancêtres. Elle voulut de plus qu'on distribuât une *pitance générale* dans le couvent le jour de son anniversaire. Un autre seigneur d'Ervy, dans un testament fort curieux et qui contient un grand nombre de libéralités, fit don à l'abbaye de son cheval estimé dix livres, monnaie de Provins. Guillaume, comte de Joigny, accorde au monastère, pour la rédemption de son âme et de celles de ses parents, la permission de pêche dans ses rivières, *pendant dix jours et dix nuits chaque année.*

Quoique soutenu par ces actes d'une libéralité infinie, qui attestent la piété des fidèles et leur respect pour les religieux de Pontigny, le monastère pourtant n'était pas toujours à l'abri de quelques vexations, de certaines entreprises de la part des puissants seigneurs ses voisins. Mais les restitutions et le repentir venaient presque toujours réparer, effacer ces tentatives insolites. Milès, seigneur de Noyers, avait entre autres suscité aux moines des tracasseries fort désagréables à l'occasion de leurs propriétés auprès de cette ville. Mais à peine l'acte d'empiétement avait-il été commis, qu'il s'exprime ainsi dans une charte, sous la date de 1231 : « Si j'ai enlevé quelque chose dans les bois de l'abbaye ; » si j'ai exigé d'elle des droits de coutume, je reconnais l'avoir » fait injustement. *Je remercie les frères de cette Maison de m'avoir » pardonné généreusement les torts que je leur ai causés.* C'est » pourquoi je confirme aujourd'hui les donations de mes prédé- » cesseurs dans toute leur étendue. »

Il entrait dans la destinée de l'Ordre de Citeaux de répandre sa renommée bien au-delà des limites de la France.

Le Roi de Hongrie écrivit à l'abbé de Pontigny pour lui demander une colonie de religieux. Garmont (1), alors à la tête

---

(1) Les deux frères de cet abbé furent ministres sous le règne de Philippe-Auguste; l'un de ses neveux, maréchal de France; un autre, Gauthier Cornut, archevêque de Sens.

de l'abbaye, céda à ce vœu, et le monastère de Hégre fut fondé ; il donna lui-même naissance à d'autres Maisons.

En Angleterre, le nombre des couvents de la filiation de Pontigny ne cessa de s'accroître.

L'ardente pensée de posséder la Terre-Sainte, incessante préoccupation du moyen âge, devait donner le jour aux Ordres religieux militaires qui eurent, comme on sait, un double caractère. Soumis à des pratiques de piété, ils quittaient la prière pour prendre le casque et l'épée. C'est encore de Cîteaux que ces Ordres, aspirant à se constituer en force et en durée, vinrent demander la base sur laquelle ils devaient s'asseoir. L'abbé de Pontigny, celui de Cîteaux et ceux des trois Maisons-mères, se réunirent pour composer la Règle que suivirent les chevaliers de Calatrava (1).

---

(1) Onze Ordres de chevalerie suivirent la Règle de Cîteaux. Ce furent ceux des Templiers, de Calatrava, d'Alcantara, d'Avis, de Montesa, du Christ, de Saint-Maurice et de Saint-Lazare, de Saint-Michel, de Montjoie, de Saint-Bernard et de Trugillo.

IX.

Il était interdit, avons-nous dit précédemment, de laisser pénétrer les femmes dans l'intérieur des monastères. Cette défense ne souffrait d'exception que pendant neuf jours, lors de la dédicace d'une église. Les granges (1), placées sous la direction des frères

---

(1) On entendait par le mot *grangia* un établissement agricole situé au centre de vastes terres, bois et prés. Des frères convers dirigeaient les travaux.

convers, n'étaient pas non plus accessibles aux femmes. L'abbé qui eût toléré une infraction à cette partie de la discipline devait jeûner au pain et à l'eau tous les vendredis, et cela jusqu'au moment où, comparaissant devant le Chapitre général, il était entendu et jugé pour ce fait. D'autres peines frappaient les divers officiers ou membres de la Communauté. Une circonstance qui prouve combien cette défense était scrupuleusement observée, n'est pas inutile à rapporter. Les seigneurs de Venizy rendant un hommage chaque année à l'abbaye de Pontigny dans le chapitre même, il fut décidé et convenu que, si la terre de Venizy tombait entre les mains d'une femme, cet hommage serait rendu par elle à la porte du monastère.

En ce qui touche cette interdiction des femmes, la sévérité allait même si loin, que nous voyons l'excellent et pieux abbé Jean fortement blâmé dans le Chapitre général de 1205, parce qu'il avait souffert que la Reine Adèle (ou Alix), fille du comte de Champagne, bienfaiteur de Pontigny, femme de Louis VII, eût été introduite, ainsi que d'autres dames de la Cour, pour entendre un sermon dans le chapitre et assister à une procession dans le cloître! Et encore remarquons que le bon abbé, plein de régularité, n'avait cédé que parce qu'on avait allégué une autorisation du Pape et une permission de l'abbé de Cîteaux, qui à la vérité n'existait pas. L'abbé Jean allait être déposé, si les évêques ne fussent intervenus en sa faveur. Toutefois, il resta interdit jusqu'à Pâques et condamné à six jours de pénitence.

Si la Reine Adèle n'avait pu de son vivant pénétrer dans

l'intérieur de l'abbaye que grâce à une pieuse fraude, elle obtint, avant sa mort, une bulle d'Innocent III qui lui permit de venir plus tard reposer en paix dans le sanctuaire élevé par la munificence de son père. Ses obsèques furent célébrées avec une grande pompe, et les fastes de l'abbaye les retracent comme l'une des cérémonies qui attirèrent à Pontigny le plus grand nombre de fidèles. Le corps de la femme de Louis VII, mère de Philippe-Auguste, fut inhumé devant le maître-autel, dans un tombeau de pierre faisant saillie sur les dalles, selon l'usage du temps. Aujourd'hui, il n'en reste plus que quelques vestiges.

La liste des Prélats et des seigneurs qui obtinrent une sépulture à Pontigny serait bien longue à dresser. Parmi ceux qui y furent inhumés, on remarque le Chancelier Algrin ou Algerin, chapelain de Louis VII; un des compagnons de Langton, Mauger, évêque de Worcester, qui mourut à Pontigny, et Guillaume de Ludan, archevêque d'Yorck qui volontairement renonça à son siége et vint prendre le simple habit religieux du monastère, où il vécut deux ans. A côté des tombes qui renferment les abbés inhumés de droit à Pontigny, vinrent se ranger une foule d'autres tombes, celles de beaucoup de religieux promus à l'épiscopat, tous essentiellement jaloux de reposer sous la voûte du monastère. Si la plupart des noms de ces hommes chers à l'Eglise sont aujourd'hui effacés, on conçoit pourtant combien le respect et la piété des populations pour cette enceinte devaient s'accroître de siècle en siècle (1).

(1) Voir, à l'appendice, la note *B* contenant la liste des personnages recommandables ou illustres qui furent inhumés à Pontigny.

X.

L'hospitalité qu'exerça l'abbaye de Pontigny ne fut pas seulement pour elle la source d'un accroissement de richesses, mais une cause d'illustration. A combien de Prélats ce monastère ne donna-t-il pas asile ! Son histoire revendique à bon droit des hommes dont les actes eurent une influence considérable sur leur époque. Etienne Langton a fait rejaillir sur Pontigny un éclat qu'aucun autre Prélat du temps n'eût pu lui procurer. Né en Angleterre, à la fin du douzième siècle, il vint de bonne heure à Paris où il fit ses études.

Bientôt sa science et sa remarquable facilité d'élocution le désignèrent pour professer la théologie à l'Université dont il devint même le Chancelier. Il fut nommé peu de temps après le doyen de Reims et obtint un bénéfice en Angleterre. La réputation de Langton parvint jusqu'à Innocent III qui l'appela à la Cour de Rome, où l'éclat de ses rares talents lui valut promptement l'insigne distinction d'être nommé Cardinal.

Le siége de Cantorbéry, devenu vacant par la mort du Primat Hubert, avait donné lieu à une élection contestée et entachée d'irrégularités qu'il serait inutile d'expliquer. Elle fut en conséquence annulée. Jean-sans-Terre (1), qui désirait très-vivement que Jean de Gray eût cet archevêché, profita de cette circonstance, et, pour obtenir plus sûrement la nomination, il s'assura du vote des ecclésiastiques chargés de procéder à l'élection. Jean de Gray fut en effet élu et immédiatement après intronisé en cette qualité. Mais il fallait obtenir l'assentiment du Pape; son approbation était indispensable. Innocent III éleva de fortes objections contre cette nomination. Jean de Gray était le favori du Roi, son confident intime; les affaires politiques, les préoccupations temporelles l'absorbaient entièrement. Considérant toutes ces raisons, le Pape le jugea tout à fait impropre à occuper le siége de Cantorbéry; et il rappela qu'ayant déjà exigé que le dernier Primat Hubert quittât

---

(1) C'était le surnom ordinaire des plus jeunes fils du Roi, quand leurs pères étaient morts pendant leur minorité. Ils ne pouvaient posséder de fiefs jusqu'à ce qu'ils fussent d'âge à remplir les services qui y étaient attachés. — Les courtisans avaient donné à Jean le nom de *Lackland*, ou *sans terre*, quoiqu'il eût été désigné comme souverain d'Irlande.   (*Lingard*.).

le gouvernement de l'État afin de pouvoir accomplir ses devoirs d'archevêque, il ne saurait souffrir que Jean de Gray réunît des fonctions qui s'excluaient si positivement.

Jean-sans-Terre insista; il crut qu'il était d'une politique habile d'envoyer à Rome les douze moines de Cantorbéry qui avaient choisi Jean de Gray, afin qu'ils défendissent leur œuvre et obtinssent l'approbation du Saint-Père. Innocent III persévéra dans son refus de sanction, il resta inflexible. La pensée lui vint à cette occasion d'élever le Cardinal Langton à cette dignité d'archevêque de Cantorbéry et de Primat d'Angleterre. Il avait précisément sous la main les douze moines électeurs. Toutefois, craignant de froisser trop ouvertement Jean-sans-Terre, il sollicita de lui la permission royale nécessaire pour que les moines pussent procéder à l'élection à Rome même. Aucune réponse n'ayant été faite à cette demande, le Saint-Siége s'en passa et Langton n'en fut pas moins élu archevêque de Cantorbéry. Cette manière de procéder était si irrégulière et si contraire aux usages établis, que le Cardinal Langton écrivit au Roi pour solliciter de lui qu'il approuvât son élection. Cette démarche resta sans succès; les lettres, les messages de Langton ne furent pas même reçus en Angleterre. Après un certain délai écoulé, le Pape passa outre et consacra à Viterbe le nouvel archevêque.

Jean-sans-Terre eût peut-être consenti à admettre Langton, mais Jean de Gray, évêque de Norvich, dépositaire d'une partie du pouvoir royal et tout puissant sur l'esprit de son maître, refusa de donner sa démission. Il rejeta tout accommodement, fut sourd à des offres d'argent considérables et associa le Roi à son opposition au Saint-Siége. Le caractère d'Innocent III, volontaire jusqu'à l'entêtement, animé d'ailleurs par un désir immodéré d'étendre la suprématie de la Cour de Rome, devait rendre la lutte bien périlleuse pour un Roi privé de discernement, violent, mais sans fermeté, haï, méprisé de ses sujets. La colère de Jean-sans-Terre tomba d'abord sur les moines de Christ-Church. Eux seuls, dit-il, sont cause des contrariétés qu'il éprouve, ayant consacré un mauvais principe par la première et fort irrégulière élection de Réginald. Cette fatale et frauduleuse élection a amené tous les embarras actuels : enfin, n'ont-ils pas élu Langton? Le raisonnement devint de la violence ; la violence, une agression. Une troupe armée s'introduisit un jour dans le couvent des moines par ordre de Jean-sans-Terre, y mit le feu et menaça de les brûler tous dans un brasier. Ils échappèrent à ce danger, mais on les jeta hors du royaume et on confisqua leurs biens. Tout cela était d'une exécution facile, et le triomphe restait au-dessous du but. Dans un temps où Rome possédait des armes bien autrement redoutables que l'exil et la confiscation, la victoire de Jean-sans-Terre n'avait qu'une signification mesquine. Elle eut une si médiocre portée aux yeux d'Innocent III, qu'il écrivit au Roi des lettres pleines de modération. Il lui parla du haut mérite de Langton, et ajouta que lui, Innocent III, avait sollicité son agrément, avant de passer outre à l'élection dont il se plaignait. Jean se méprit-il sur la démarche du Souverain Pontife et pensa-t-il qu'avec un peu de persistance il ne tarderait pas à l'emporter? Quoiqu'il en soit, aux avances, aux politesses même empressées d'Innocent III il répondit purement et simplement: « Que jamais Langton ne mettrait le pied en Angleterre en qualité de Primat. » Un historien nous a conservé un témoignage fort curieux des ouvertures pleines de circonspection faites au Roi par le Saint-Père. « Le Pape, dit-il, envoya à Jean-sans-Terre quatre anneaux de pierres précieuses montés en or, et tâcha de rehausser la valeur de ce présent, en lui donnant une interprétation mystique. Il pria le Roi de considérer sérieusement la *forme* des anneaux, leur *nombre*, leur *matière* et leur *couleur*. Leur forme circulaire était, disait-il, l'emblème de l'éternité, qui n'a ni commencement ni fin; d'où Jean pouvait apprendre qu'il devait aspirer des objets terrestres aux célestes, et des choses temporelles aux choses éternelles. Le nombre quatre, formant un carré, signifiait la fermeté de l'âme, que l'adversité ou la prospérité n'ébranlait jamais, lorsqu'elle était appuyée sur la base solide des quatre vertus cardinales; l'or, matière de ces anneaux, étant le plus précieux des métaux, représentait la sagesse qui est le premier des dons et justement préférée par Salomon aux richesses, à la puissance et à toutes les acquisitions mondaines; la couleur verte de l'émeraude figurait la Foi, et le bleu de saphir, l'Espérance; le rouge du rubis la Charité, et la splendeur de la topase, les Bonnes-OEuvres. » Tous ces charmants *concetti* ne séduisirent nullement le Roi d'Angleterre.

Aux gracieusetés, aux cajoleries succédèrent les remontrances; car dans toute cette affaire le Pape tint à suivre une habile gradation. Innocent fit donner à Jean, par plusieurs évêques, un dernier avertissement. Ils le prévinrent du danger qu'il allait courir s'il persévérait à repousser Langton. On lui cita l'exemple d'un Roi bien plus grand, bien autrement puissant que lui, Philippe-Auguste, ramené à la soumission par l'effet de l'interdit. Il ne tint compte de l'avis, le reçut même très-mal, répondant aux évêques par des injures et promettant par *les dents de Dieu*, son jurement favori, que si le Pape osait jamais donner suite à ses menaces, « il lui enverrait tous les évêques d'Angleterre et confisquerait » leur temporel. Que, quant aux Romains qu'il pourrait saisir » dans ses États, il leur ferait couper le nez et crever les yeux » afin qu'on les reconnût parmi toutes autres nations. » Rome avait alors en réserve une réponse toute prête à cette sortie violente du pauvre Jean-sans-Terre. Ce fut celle-ci : le lendemain du dimanche de la Passion, 24 mars 1207, les évêques de Londres, d'Ely et de Worcester prononcèrent la sentence d'interdit sur ses États.

Les croyances alors si profondes et si peu raisonnées des peuples, croyances aveugles qui ne permettaient pas d'établir une juste limite entre les droits légitimes du sacerdoce et ses coupables usurpations, prêtaient au bras de la Cour de Rome une force irrésistible, illimitée dans ses moyens comme dans ses effets. N'était-elle pas sans bornes, cette faculté de déclarer qu'à un jour donné tout un peuple serait privé d'un culte, son premier besoin, sa nourriture spirituelle de chaque instant? La vengeance du Pape retombait ainsi sur la nation entière, si souvent, presque toujours en dehors de ces querelles de Papes à Souverains.

Rien n'était omis pour frapper l'imagination des peuples, lorsqu'un royaume devenait l'objet de cette terrible mesure. La solennité, l'appareil dont on l'entourait, contribuaient encore à glacer d'effroi, à frapper d'épouvante et de deuil les fidèles. Rétablissons un moment l'antique ferveur, remontons aux premiers jours du treizième siècle : la prière, les sacrements sont, comme nous l'avons dit, la nourriture habituelle des âmes; les temples, le lieu où les hommes éprouvent le besoin de pénétrer chaque jour; les cérémonies du culte catholique font partie de l'existence de chacun; on prie comme on vit, on est autant à genoux que debout. Eh bien, tout à coup l'église se ferme, son approche est interdite, l'usage des sacrements est suspendu; la croix s'est voilée, l'image de Dieu s'est dérobée à tous les yeux, et celle des saints, des martyrs qu'on aimait à implorer, s'est cachée au fond du sanctuaire; les cloches, qui assemblaient d'une aube à l'autre les fidèles, qui les conviaient à la prière, se taisent; leur son a cessé d'ébranler les airs. Descendons jusqu'aux dernières douleurs de l'interdit. La terre bénie, vénérée, n'est plus pour le chrétien le champ du repos, elle ne recevra point sa dépouille, on l'enfouira au hasard. L'union du mariage aura pour autel la tombe des morts dans les cimetières.

Les seuls sacrements qui ne soient pas prohibés sont le baptême à l'enfant nouveau-né, l'extrême-onction au vieillard qui va s'éteindre. La messe, si elle est encore célébrée, le sera à voix basse, les portes du temple étant fermées; les prêtres seuls y assisteront.

La vie civile est paralysée aussi dans ses habitudes, ses usages, dans ce qu'elle a de plus intime. Tous les divertissements, les réunions de plaisir, les moindres distractions seraient une infraction coupable : plus de communications. Saluer un ami, un parent; leur presser la main est chose défendue. Les soins de propreté qu'indique l'hygiène ne sauraient être pris sans violer les droits de l'anathême. Ainsi, se baigner, se raser la barbe n'est plus permis. Forfaire à ces prescriptions, ce serait encourir les censures ecclésiastiques, car le deuil en toutes choses, l'affliction sur tous les traits doivent régner sans partage, universellement. L'abstinence devient un devoir obligatoire; la viande, une nourriture prohibée. Enfin, pour obéir pleinement et strictement à cette interdiction qui frappait d'immobilité et suspendait la vie des peuples, les rapports même entre les sexes, sanctifiés par le sacrement du mariage, eussent dû à la rigueur être interrompus pour s'associer plus complétement à l'esprit de pénitence infligé par la colère de Rome : voilà ce qu'était un INTERDIT au treizième siècle (1) !

(1) Voir à l'appendice, note *C*, quelques détails sur l'origine et le but de l'interdit.

XI.

Le Roi Jean se vengea sur le clergé et plus particulièrement en poursuivant les adhérents de Langton. C'est à cette même époque que le Cardinal, cause de tous ces malheurs, vint avec plusieurs Prélats chercher un asile à Pontigny. Son exil dura depuis l'année 1208 jusqu'en 1213. Pendant cet intervalle, l'abbaye compta parmi ses hôtes tout ce que le clergé anglais renfermait de plus illustre. Car les évêques suffragants de l'archevêque, les moines de Cantorbéry, les prêtres marquants de son diocèse, étaient venus se grouper autour de lui et se mettre ainsi à l'abri des persécutions de Jean-sans-Terre. L'un des trois évêques qui avaient publié l'interdit, celui de Worcester, mourut à Pontigny et fut inhumé dans le chœur de l'église.

Hume prétend que de toutes les mesures de représailles auxquelles eut recours le Roi dans sa colère, la plus blessante pour le clergé fut celle qui atteignit les concubines ecclésiastiques. Jetées en prison, elles ne furent rendues à la liberté qu'après avoir versé de fortes sommes à titre d'amendes. Par malheur, Jean ne pouvait pas s'appuyer sur ses peuples, ayant indisposé contre lui tous les Ordres de l'État et particulièrement la noblesse. Les villes étaient accablées d'impôts arbitraires. Et pourtant l'affection de ses sujets ne lui eût été jamais plus nécessaire.

La Cour de Rome savait graduer avec un art merveilleux ses sentences suprêmes; l'interdit n'était pas le dernier mot de sa colère. Après une année écoulée (novembre 1209), elle s'aperçut que cette mesure restait encore insuffisante, et elle prononça l'excommunication contre Jean-sans-Terre. Cet acte l'atteignait spécialement et comme homme l'isolait, lui enlevait ses serviteurs, le privait de ses conseillers. Car l'excommunié ne différait pas du lépreux, du pestiféré dont l'approche et le contact devaient être soigneusement évités. Averti à temps, Jean s'appliqua à prévenir dans ses États la publication de la bulle d'excommunication. Il établit dans tous les ports du royaume une surveillance tellement active qu'il en empêcha la promulgation officielle. Le pape avait bien offert la paix sous la condition que le Roi restituerait tout l'argent enlevé par violence au clergé. Mais après s'en être emparé et l'avoir dépensé, sans doute, Jean ne se souciait pas de le restituer.

Les historiens ont admis, quelques-uns ont même affirmé qu'au milieu des perplexités qui l'accablaient et qui eurent presque un caractère de démence, Jean-sans-Terre aurait tenté la négociation la plus étrange qui pût être imaginée à cette époque. Il aurait sollicité le secours de Mohammed-al-Nessir, qui avait pris le titre accoutumé d'Emir al Moumenim et dont les conquêtes en Espagne menaçaient d'arracher au christianisme le midi de l'Europe. Cette bizarre négociation avait été, dit-on, confiée à deux chevaliers, Thomas Hardington et Ralf Fitz-Nicolas, et à un ecclésiastique nommé Robert de Londres. Quoiqu'il en soit, elle échoua complétement. Quelques annalistes sont allés jusqu'à supposer que le Roi avait promis à l'Emir d'embrasser le mahométisme, et, ce qui serait bien plus excentrique encore, qu'il lui aurait offert la couronne d'Angleterre, tout cela pour que l'Émir l'aidât à le venger du Pape. Sans discuter ces faits, sans les nier ni les admettre, Hume se contente de dire qu'un Souverain tel que Jean était capable de tout, excepté de ce qui était bien et raisonnable.

Ni l'interdit, qui durait depuis quatre ans, ni l'excommunication, n'ayant fait céder le Roi Jean, il ne restait plus qu'une seule arme à diriger contre lui, la plus redoutable. Elle consistait à délier ses sujets du serment de fidélité, et à engager tous les princes et barons chrétiens, au nom de l'autorité apostolique, à se réunir pour détrôner un Roi impie et lui substituer un plus digne

successeur. Dans les circonstances où se trouvait l'Angleterre, par rapport à la France, une telle déclaration devenait une provocation directe. Car Philippe-Auguste, heureux cette fois d'obéir au Pape, ne demandait pas mieux que de s'emparer des États du Roi Jean. La Cour de Rome comprit qu'il était dangereux pour elle de laisser s'accomplir une semblable énormité. Le légat Pandolfe découvrit enfin au Roi Jean le péril imminent de sa situation; et c'est alors que ce Souverain passa d'une folle résistance à une soumission absolue. Il consentit à rappeler Langton et tous les ecclésiastiques exilés, à restituer les biens et l'argent pris au clergé, et, par une aberration sans exemple, inouïe, il jura cette charte célèbre dans laquelle il déclara que « sans être forcé ni
» contraint, mais par l'effet de sa seule et libre volonté et de
» l'avis et de l'assentiment de ses barons, il voulait, pour
» l'expiation de ses péchés et ceux de sa famille, résigner l'Angle-
» terre et l'Irlande à Dieu, à Saint-Pierre et à Saint-Paul, au
» Pape Innocent et à ses successeurs; qu'il consentait à tenir
» ses États comme feudataire de l'église de Rome par le
» paiement annuel de mille marcs, sept cents pour l'Angle-
» terre et trois cents pour l'Irlande; stipulant, en outre, que,
» si lui ou ses successeurs osaient jamais enfreindre cette
» charte, ils seraient déchus de tous leurs droits, à moins
» qu'à la première admonition ils ne se repentissent de
» leurs fautes. »

Nous ne retracerons pas la cérémonie religieuse du pardon : Jean-sans-Terre ajouta, s'il est possible, à l'ignominie de l'acte politique que nous venons de citer et si justement flétri par tous les historiens. Contentons-nous de dire que son humiliation devant le légat Pandolfe dépassa toutes les bornes du servilisme le plus abject.

Les Prélats, et Langton à leur tête, rentrèrent en Angleterre; victoire superbe, mais qui serait aujourd'hui oubliée comme tant d'autres victoires de ce genre, si, à cette restauration épiscopale, si, à ce nom de Langton, archevêque de Cantorbéry, ne se rattachait le fait le plus glorieux, le plus patriotique des annales anglaises, nous voulons parler de cette grande charte qui fut l'origine de toutes les libertés nationales. Le 20 juillet 1213, date mémorable, dans un serment que reçut le Primat, le Roi *s'engageait à remettre en vigueur les bonnes lois de ses prédécesseurs, particulièrement celles de Saint-Édouard, ainsi qu'à révoquer les mauvaises, etc., etc.* — La sentence d'interdit ne fut levée que le 25 septembre de cette même année.

XII.

Jean, à peine échappé à une situation si désastreuse, tourna sa colère contre les barons, et plus il s'était humilié devant la Cour de Rome, plus aussi il crut par un despotisme effréné relever un pouvoir qu'il avait avili. Ses mesures vexatoires excitèrent un mécontentement universel, et alors se forma une confédération à laquelle Langton prêta son appui, ses conseils et toute son influence. Hume, dont le témoignage ne saurait être suspecté de condescendance pour Langton, déclare à cette occasion « que la mémoire de l'archevêque de Cantorbéry doit être à jamais révérée des Anglais. Il conçut, dit-il, le plan de réformer le gouvernement, et, avec une rare habileté, il prépara les moyens d'amener cette grande révolution par *l'insertion des clauses remarquables dans le serment qu'avait prêté devant lui le Roi.* »

La pensée grande et réformatrice à laquelle se dévoua le Primat ne pouvait triompher qu'à la suite d'une lutte longue et difficile. Il réunit à Londres les principaux barons. Là, il leur montre la copie d'une charte de Henri Ier, qu'il dit avoir trouvée dans un monastère, et il les exhorte à exiger qu'elle soit renouvelée. Aussitôt ils jurèrent « qu'ils perdraient plutôt la vie que de ne pas obtenir une chose si raisonnable. »

Dans une autre assemblée, convoquée sous le prétexte de quelque dévotion à Saint-Esmondbury, l'archevêque produisit de nouveau cette charte, et, par son éloquence entraînante, un serment solennel est prêté sur le grand autel. Chacun s'engage à faire, s'il le faut, une guerre éternelle au Roi afin d'obtenir les garanties stipulées dans cet acte. C'est à travers les troubles politiques, la dévastation du pays causée par les troupes mercenaires appelées du dehors, que la noblesse anglaise marche à la conquête des libertés civiles. Le Vassal du Pape implore la protection du Saint-Siége. Elle lui est aussitôt accordée, car le royaume d'Angleterre est presque celui d'Innocent III, depuis le fameux pardon. Les foudres du Vatican sont lancées contre les barons soulevés. Mais l'archevêque, Primat du royaume, chef du clergé anglican, préfère subir la disgrâce du Saint-Siége plutôt que de lui prêter son concours en prononçant l'excommunication qu'ils ont encourue.

Enfin, après avoir donné une promesse qu'il ne tint pas, Jean fut amené à ratifier d'une manière définitive la charte appelée *magna charta*, celle qui fut proclamée dans le lieu devenu célèbre de Runnymead entre Stains et Windsor. Elle comprenait soixante-six articles. Magnifique travail que les Anglais peuvent invoquer avec un juste orgueil. Leurs libertés, leurs franchises, développées depuis par l'influence du temps, s'y trouvent indiquées. Ce n'est point là le germe douteux, c'est la base solide, large, impérissable de leur constitution. Qu'un seul article le prouve. Cet article, le voici : Le Souverain consentait « à ce qu'aucun homme libre ne fût arrêté, emprisonné, dépos- » sédé de sa terre, proscrit ou ruiné en quelque manière que » ce fût, ni poursuivi par le Roi ou en son nom, si ce n'était » par le jugement légal de ses pairs ou les lois du pays. » N'étaient-ce pas là des garanties précieuses contre le despotisme? Et qu'on y songe!! on entrait à peine dans le treizième siècle.

Les institutions d'un peuple commandent un respect d'autant plus grand que leur origine se mêle à un passé lointain ; elles deviennent des croyances, elles entrent dans les mœurs et les habitudes de la nation. Aussi, les franchises de l'Angleterre ont le caractère sacré d'un héritage. Sans doute de semblables constitutions n'offrent pas la rédaction symétrique des chartes modernes, dont la précision ne laisse rien à souhaiter : mais que ces monuments contemporains de plusieurs siècles, élevés, achevés à l'aide et par le concours de générations successives, deviennent forts en vieillissant! Il y a entre celles-là et celles-ci la différence qui existe entre une mode, une imitation et un principe.

Innocent III fit expier au Cardinal Langton l'indépendance qu'il avait montrée. Cité à comparaître dans un concile pour se justifier, il se rendit forcément à Rome en 1218. Il ne parvint pas à fléchir le Saint-Siége; il fut suspendu de l'exercice de ses fonctions archiépiscopales et retenu dans les Etats pontificaux. Sa disgrâce ne cessa et son retour en Angleterre ne fut autorisé que lorsque le successeur de Jean-sans-Terre, Henri III, se trouva fermement établi sur son trône. En 1220, le Pape Honoré III lui permit de reprendre le gouvernement de son diocèse. Si le Primat consacra désormais une partie essentielle de son temps aux affaires ecclésiastiques, il sut trouver encore des heures de méditation et de travail pour défendre l'œuvre à laquelle il avait si puissamment concouru. En 1223, nous le voyons se mettre de nouveau à la tête des barons pour réclamer de Henri III la confirmation, le maintien des libertés jurées par Jean-sans-Terre.

L'archevêque avait contracté une dette de reconnaissance envers l'abbaye de Pontigny. Après avoir recouvré l'exercice de ses fonctions épiscopales, à son retour de Rome, l'un de ses soins les plus chers fut de s'acquitter dignement envers elle. Une charte contient ses sentiments de gratitude et accorde au monastère une rente annuelle (1). Elle porte la date de 1222. Etienne Langton, Cardinal, etc., etc., s'y exprime ainsi : « Considérant combien les religieux de Pontigny ont mis de soins dans l'accueil qu'ils firent au bienheureux Thomas, martyr, son prédécesseur, et combien ils lui ont prodigué de consolations; se rappelant aussi toute la grâce et toute la sollicitude avec lesquelles il fut lui-même reçu et traité dans ce monastère à l'époque de son exil, il regarde comme un devoir de lui témoigner sa reconnaissance : c'est pourquoi il donne à l'abbaye, du consentement du prieur et de l'église de Jésus-Christ de Cantorbéry (son chapitre), cinquante marcs sterlings de rente annuelle à prendre sur les revenus de l'église de Rumenal, à titre de bénéfice, payables par le recteur de cette église qui jurera à son installation d'acquitter la rente aux termes convenus (2). »

Les écrits de Langton sont perdus. On lui attribue la division de la Bible en chapitres, amélioration qui fut universellement

---

(1) Cette pièce, la première qui émane des archevêques de Cantorbéry, se trouve aux archives de la préfecture de l'Yonne. Elle nous a été communiquée par M. Quantin, archiviste du département; et ce n'est pas le seul document précieux que nous devions à ses recherches intelligentes. D'autres renseignements extraits du riche dépôt, dont le classement et la conservation sont confiés à ses soins, nous ont été également fournis avec un zèle qui appelle ici toute notre gratitude.

(2) Deux bulles du Pape Honoré III, adressées à l'abbé de Pontigny, sous les dates des 19 mars 1222 et 3 novembre 1223, confirment cette donation. — En 1222 aussi, le prieur et le couvent de l'église du Christ de Cantorbéry approuvent le don de 50 marcs sterlings, en *mémoire du bienheureux martyr Thomas* et à cause de la bonne réception qu'ont reçue, à Pontigny, l'archevêque Langton et quelques-uns de leurs frères exilés. Une semblable ratification eut lieu par les mêmes, en 1226.

adoptée et qu'on a conservée. Cardinal, Primat d'Angleterre, Archevêque de Cantorbéry, il mourut paisiblement dans cette ville, le 9 juillet 1228, laissant sa mémoire à jamais inséparable de la grande transaction que l'Angleterre n'a cessé de considérer comme l'origine de ses libertés publiques.

XIII.

Ce ne fut ni la persécution violente, ni l'exil, qui conduisirent à Pontigny un dernier archevêque de Cantorbéry, celui qui, après sa canonisation, devait s'identifier tellement avec cette pieuse demeure, qu'il demandait comme une faveur spéciale d'en ajouter le nom à son nom, voulant en outre que l'église du monastère fût placée sous son invocation. Edme, ou Edmond Rich, était né dans la petite ville d'Abington, à deux lieues d'Oxford. Son père renonça de bonne heure au monde et se fit religieux à Evesham. Le jeune Edmond, envoyé à Paris par les soins de sa mère, femme d'une haute piété, afin d'y continuer ses études, de simple élève ne tarda pas à devenir maitre et put enseigner avec éclat les mathématiques. Son humilité pourtant égalait sa piété; et elle était si excessive, quoique savant, qu'il fallut lui faire violence pour lui conférer le grade de docteur. Edme se livra ensuite à la prédication et il obtint dans la chaire les succès qui devaient le plus flatter son zèle apostolique : la conversion, le retour au bien d'hommes considérables qui s'étaient signalés par de graves excès.

Une conviction forte revêtue d'une extrême simplicité, une douce piété, qu'il savait rendre communicative, formaient le caractère de ses prédications où la foule se portait avec un empressement inusité. Cependant, il quitta la France, théâtre de sa gloire, et rentra dans sa patrie où une immense réputation l'avait précédé. Là, le Pape Grégoire IX, le chargea de prêcher la Croisade. Vierge de toute ambition, craignant d'être mêlé aux intérêts politiques, si ennemis souvent des intérêts religieux, Edme fuyait les honneurs, l'éclat des dignités. Quand il apprit que les yeux se tournaient vers lui, qu'on le désignait déjà pour occuper l'archevêché de Cantorbéry, il s'en effraya; il conjura qu'on ne le *condamnât pas à devenir le Primat d'Angleterre*. Malgré ses refus et cette sorte de terreur qu'il ressentait à la pensée de cette élévation prochaine, il avait été élu à l'unanimité (2 avril 1234), et sa résistance dut cesser. Mais ce ne fut qu'un acte d'obéissance et de résignation.

Edme était animé d'un esprit de paix, et les conjonctures dans lesquelles il se trouvait placé offraient d'immenses difficultés. Elles étaient de plus d'une sorte. Une première fois, fidèle aux traditions de Langton, il intervint auprès du Roi, aidé de tous les Prélats, pour obtenir l'éloignement d'un ministre étranger, Pierre des Roches, évêque de Winchester, qui était justement odieux à la nation. Edme avait même consenti à se placer un moment à la tête des affaires; mais il ne tarda pas à se retirer devant un autre étranger, l'évêque de Valence, nouveau favori qui souleva tant de mécontentements. Comme nous l'avons dit, les obstacles placés sous les pas d'Edme étaient de nature diverse. Ainsi, Henri III avait laissé vaquer plusieurs évêchés afin de s'en approprier les revenus; le Pape, d'un autre côté, avait fini par pourvoir directement aux bénéfices, en plaçant en Angleterre plus de trois cents Italiens. Ces deux abus avaient eu pour dernière conséquence d'inonder le pays d'étrangers qui envahissaient, au nom de Grégoire IX, le pouvoir, les dignités ecclésiastiques de l'Angleterre.

A la vue de tels désordres, le digne Prélat comprit que lui, homme de paix, de modération, ne porterait pas remède à des maux qu'il était au-dessus de ses forces de combattre. Si sa conscience les condamnait, sa douceur tout évangélique le rendait peu propre au rôle de réformateur. D'ailleurs, s'il s'y soumettait jamais, ne trouverait-il point des résistances jusque dans les moines de sa propre église? La pureté de sa vie ne formait-elle pas un trop évident contraste avec la manière de vivre de la plupart des membres du clergé? Rester spectateur du mal lui parut une attitude peu convenable, impossible même. Il prit une autre résolution. Ce fut de quitter cette dignité qu'il s'était si longtemps défendu d'accepter : cette détermination une fois adoptée par sa conscience, il partit, il s'échappa, pour mieux dire, fuyant des honneurs qui l'accablaient.

A voir le mystère dont il entoura son départ, les précautions minutieuses auxquelles il eut recours pour cacher son nom en s'embarquant pour la France, on eût dit au moins un banni se dérobant aux coups de la proscription. Ce n'était que l'homme juste, le saint Prélat cherchant la retraite à laquelle aspirait son âme étrangère au monde et à ses vices.

Arrivé en France, il fut accueilli par Saint-Louis. Mais les instances du Roi ne purent le retenir à sa Cour, car il n'était point venu, on le suppose bien, pour chercher de nouveaux honneurs. Après avoir béni le monarque et sa famille, il dirigea ses pas vers Pontigny (novembre 1240); car c'est là qu'était le but de son voyage. Plein du souvenir de ses prédécesseurs et de la touchante hospitalité que cette Maison leur avait offerte, il voulait aussi l'honorer, la sanctifier par sa présence (1). Mais, après un séjour de près de deux années à Pontigny, ses forces, énervées par les ardeurs d'un été, se trouvèrent épuisées. Pour les ranimer, les médecins lui conseillèrent de se rendre au prieuré de Soissy, près de Provins. En s'éloignant, le saint Prélat ne s'abusait pas; il

---

(1) En 1238, Edme, non content d'avoir confirmé le don de cinquante marcs sterlings fait par Etienne Langton, y avait ajouté dix marcs à prendre également sur l'église de Rumenal.

avait même, s'il est permis de le dire, la prescience de sa fin prochaine, et quand il annonçait à ses hôtes, pour les rassurer, qu'il ne tarderait pas à les revoir, qu'il reviendrait parmi eux à la fête de Saint-Edmond, martyr, c'est-à-dire le 20 novembre, cette date, assignée à son retour, dans sa pensée était celle où il aurait cessé de vivre, l'instant où Dieu l'aurait reçu dans son sein. Edme ne s'était pas trompé; il s'éteignit doucement le 16 novembre 1242, et, le 20, son corps était rapporté à Pontigny où, sept jours après, on l'inhuma dans le sanctuaire, devant le grand autel.

Sans doute nous n'écrivons pas une légende, et, cependant, sous peine d'enlever à ce récit son caractère de sincérité, nous devons l'entourer des circonstances qui ont prévalu dans la mémoire des contemporains : nous racontons, nous ne discutons pas ce qu'ils ont cru. Au tableau nous rendons sa bordure naïve. On accourait vers le tombeau du pieux archevêque dont la réputation de sainteté avait été si grande durant sa vie; on s'entretenait des miracles qui s'y opéraient (1). Six ans après sa mort, Rome prononçait sa canonisation. Alors on songea à effectuer la translation de ses restes qui eut lieu le 9 juin 1247. Au treizième siècle, une telle cérémonie était une solennité capitale. M. l'abbé Henry (2) l'a retracée, et nous ne saurions mieux faire que de lui

---

(1) A une date bien postérieure, 1672 et 1673, nous voyons des procès-verbaux constatant deux miracles opérés par saint Edme sur deux enfants morts-nés, qui donnèrent signe de vie après être restés étendus deux heures nus sur la pierre, au-dessous du tombeau du Saint. Mais il est dit qu'un des deux enfants mourut peu de temps après.

(2) *Histoire de l'abbaye de Pontigny*, ouvrage estimable, que nous avons quelquefois consulté, bien que notre cadre dût être tout autre que celui

en emprunter les détails. « Pontigny, dit-il, dès la veille (de la
» translation), vit arriver une foule considérable des pays voisins,
» attirée par la nouveauté de cette grande cérémonie. Tous les
» nobles d'alentour, les ecclésiastiques de tous les rangs, concou-
» rurent à l'éclat de cette importante journée. Comme il était
» impossible de loger tant de monde dans le hameau de Pontigny,
» la plupart campèrent dans les champs, autour de l'église. Le
» Roi Saint-Louis s'y trouva avec la Reine Blanche, sa mère, les
» princes ses frères; Robert, comte d'Artois; Alphonse, comte
» de Poitiers; Charles, depuis comte de Provence et d'Anjou, et
» Roi de Sicile; Isabelle de France, sœur de Saint-Louis.

» Après la famille royale, on remarquait le Cardinal Pierre,
» évêque d'Albe; le Cardinal Eude, évêque de Frascati, légat du
» Saint-Siége; ensuite les archevêques de Sens, de Bourges, de
» Bordeaux et d'Armagh; Saint-Richard, évêque de Chichester,
» et plusieurs autres Prélats et abbés. Depuis le concile d'Héry (1),

adopté par l'honorable curé-doyen de Quarré-les-Tombes. Notre point de
vue en effet a été différent. L'ecclésiastique a pu se préoccuper d'idées, de
circonstances auxquelles il nous était difficile de nous arrêter. Par exemple,
la mention successive et biographique des cinquante-trois abbés qui ont
gouverné l'abbaye, fort acceptable dans le livre de M. Henry, eût paru plus
qu'inutile dans cette Notice. S'il nous est arrivé quelquefois, durant le cours
de notre travail, de signaler, sur le vu de pièces irrécusables, quelques
inexactitudes échappées au consciencieux auteur qui n'avait pas eu en sa
possession tous les documents que nous nous sommes procurés, nous l'avons
fait avec les égards qu'il mérite et la juste estime qu'il nous inspire; et de
notre part jamais assurément ces rectifications n'ont eu pour motif un désir
de dissentiment ni de vaine critique.

(1) Il eut lieu en 1015.—V. à l'appendice, note D, quelques détails sur ce
concile.

» c'est l'assemblée la plus célèbre et la plus imposante qui ait été
» tenue dans nos pays. Lorsque le sépulcre fut ouvert, le corps
» fut trouvé dans le même état que le jour de sa mort. Le Roi et
» les princes l'ayant considéré, l'évêque d'Auxerre, Guy de
» Mello, le porta sur l'autel pour le faire voir au peuple, ensuite
» il le déposa dans un sépulcre de pierre, etc. »

Mais ce sépulcre de pierre paraissant peu digne, deux ans après, le corps de saint Edme fut enfermé dans une châsse recouverte d'or, qu'on plaça derrière le grand autel, sur quatre colonnes de cuivre. La Reine Blanche et Marguerite de Provence, qui assistaient encore à cette seconde translation, firent de riches présents, parmi lesquels on remarquait une main d'or garnie de pierres précieuses, destinée à recevoir le bras de saint Edme que l'on avait détaché du corps à la jointure du coude. Le Roi d'Angleterre, sa femme et le comte Richard, avaient aussi adressé des dons considérables à l'abbaye au moment de la première translation du corps de saint Edme.

A dater de cette époque, de nouveaux liens s'établissent entre l'Angleterre et Pontigny, et tous ces liens se transforment en actes de générosité pour l'abbaye. L'archevêque de Cantorbéry, Boniface, successeur immédiat de saint Edme, fait don au monastère (la rente de soixante marcs ayant cessé d'être payée) de l'église de Rumenal, à charge, par les moines, d'y entretenir un vicaire. Dans la charte qui a pour objet cette transmission, il qualifie ainsi ses trois illustres prédécesseurs : « Le bienheureux
» Thomas, glorieux martyr, de mémoire sainte; le bienheureux

» Edmond ou Edme, insigne confesseur, et Etienne de *bonne*
» *mémoire.* » C'est tout ce qu'il put accorder à Langton, mort
à peine réconcilié avec la Cour de Rome. Cette charte est datée
du jour de Saint-Jean l'évangéliste, 1264.

Aux largesses des archevêques succèdent les largesses des
Rois d'Angleterre. Henri III, étant à Bruere, accorda à l'abbaye,
en 1252, vingt marcs sterlings de rente à prendre sur les revenus
de la ville de Cantorbéry, et ce, est-il dit dans l'acte de concession, pour *l'entretien de quatre cierges ardents* autour du corps
de saint Edme dans *l'église de Pontigny, à condition de l'emploi
permanent du luminaire, sous peine de privation des vingt marcs.*
Le sceau du Roi joint à cette charte est parfaitement gravé et est
très-bien conservé. A..., archevêque de Livonie, Prusse et Riga,
légat du Saint-Siége, étant à Pontigny, vise des lettres de
l'illustre Henri, Roi des Anglais, qui lui sont adressées et
dont voici le contenu : « Le Roi lui promet son intérêt, surtout
» en faveur de l'abbaye de Pontigny, à laquelle il se propose
» de faire un voyage, pour visiter le corps du saint confesseur
» Edme. » Cette lettre est datée du 7 septembre 1254.

Il existe, aux archives de la préfecture de l'Yonne, plusieurs
baux comprenant les revenus des églises de Rumenal et dépendances, ainsi que de la rente de vingt marcs sterlings. En
1361, frère Nicolas d'Avrolles, moine de Pontigny, les afferma
quarante-quatre marcs sterlings, à charge de payer les frais
ordinaires. C'est à ce bail qu'est attaché le sceau de la ville de

PONTIGNY.

Sceau du XI[?] siècle de la ville de Canterbury

Cantorbéry, dont les deux faces se trouvent reproduites sur l'un des dessins joints à cette notice (1).

Cependant, les événements politiques qui suivirent, notamment les guerres survenues entre la France et l'Angleterre, suspendirent, puis firent cesser le paiement des rentes que nous avons vues constituées au profit de Pontigny, de même que la jouissance des propriétés qui lui avaient été concédées. Dans le cours du

---

(1) Consignons ici quelques remarques sur les sceaux des chartes anglaises. Le martyre de Thomas Becket occupe tous les revers des sceaux de Cantorbéry. En 1222, on le voit sur le contre-scel de la charte d'Etienne Langton. Sur celle de l'archevêque Boniface, en 1264, le Saint est représenté en contre-scel, à genoux, entouré d'assassins; au-dessus de l'encadrement, son âme s'envole sous la forme d'un petit personnage, et Dieu, la tête inclinée et bénissant, semble l'attendre dans le ciel.

Mais le sceau de la ville de Cantorbéry, en 1361 (celui qui est reproduit dans le dessin joint à cette Notice), est beaucoup plus large que les précédents et bien plus curieux. Nous allons le décrire le plus exactement possible : il est rond, en cire verte, de 9 centimètres de diamètre. Sur l'une de ses faces il représente, dans un encadrement formé de huit ogives festonnées, une forteresse à trois tours crénelées, à la porte de laquelle on parvient par un escalier. Au-dessous est l'écusson d'Angleterre représentant trois lions léopardés. Dans l'espace laissé vide entre les ogives, on remarque un lion léopardé. L'exergue est : *sigillum commune civium civitatis Cantuariæ*.

Sur l'autre face se trouve reproduite la scène du martyre de Thomas Becket. Le sujet est encadré en trois panneaux par des pilastres qui supportent une arcature ogive avec dais et clochetons.

Dans le milieu, le Saint est à genoux près de l'autel; le diacre à ses côtés, tenant une croix; les quatre assassins lèvent leurs épées pour le frapper. Dans les encadrements latéraux, sont deux personnages semblables, représentant un Roi couronné et le sceptre à la main, Est-ce l'accusation portée contre le Roi anglais qui est ainsi personnifiée? Au-dessus de la scène, est Dieu tenant le Monde d'une main et bénissant de l'autre. L'exergue demi-effacé laisse voir ces mots : Thomas : *qui ꞊ corruit* (ur) : *ens* (c) : *tutor : ab : offens* (ione) : *urbis : sit* :...

quatorzième siècle, l'abbaye réclama, afin de rentrer dans la possession des biens de Rumenal et dans la rente des vingt marcs saisis par le Roi, comme tous les autres revenus des monastères de France. Edouard III raconte, dans ses lettres de 1362, que la saisie avait eu lieu « à l'occasion de la guerre avec les Français; mais que, comme maintenant la paix existe entre lui et le magnifique prince Roi des Français, son très-cher frère, » il veut que les rentes soient payées. Au surplus, les moines ne manquaient jamais de faire entendre leurs doléances, lorsque les événements venaient interrompre la jouissance des donations. En pareil cas, ils s'adressaient à l'archevêque de Cantorbéry, et, en termes excessivement polis, prodigieusement louangeurs, le suppliaient d'intercéder pour eux auprès du Roi.

En 1396 (26 septembre), Richard III, Roi d'Angleterre *et de France*, seigneur d'Ecosse, après avoir rappelé les dons faits à Pontigny, par ses aïeux, de vingt marcs sterlings de rente pour l'entretien de quatre cierges allumés devant le tombeau de saint Edme, dit que si, pendant un grand laps de temps, « *à l'occasion de la guerre élevée entre lui et son adversaire de France*, ces rentes n'ont pas été payées, il veut que, par la révérence due à Dieu et à saint Edme, elles le soient, *nonobstant la guerre qui promet devoir recommencer avec sondit adversaire de France.* »

Là s'arrête la collection des chartes anglaises.

L'abbaye devait perdre et perdit en effet les revenus qu'elle possédait en Angleterre, à l'époque où ce royaume se sépara de l'Eglise Romaine. Ainsi les fondations que nous avons énumérées durèrent jusqu'en 1532.

La canonisation de saint Edme et la dévotion particulière qui s'attacha à ses reliques devinrent un nouveau stimulant pour les âmes pieuses, jalouses d'enrichir le monastère; il' y eut alors comme un redoublement de bienfaits. Quelquefois les donateurs, pour prouver la sincérité qui les anime, insèrent des clauses vraiment curieuses dans l'acte destiné à consacrer leurs engagements. Par exemple, l'un d'eux et sa femme ajoutent que « l'on pouvait les excommunier, en quelque lieu qu'ils fussent, s'ils ne maintenaient pas leurs fondations. » Les moines, d'ailleurs, ayant compris la nécessité de se défendre contre la mauvaise foi, non pas précisément à l'égard des donateurs qui, comme nous l'avons fait remarquer, respectaient presque toujours leurs actes de libéralité envers le monastère, mais bien contre les projets de voisins tracassiers et puissants, constamment portés à les troubler dans la jouissance de leurs propriétés, instituèrent, dès 1275, un religieux qui fut chargé des fonctions d'avocat. Ce titre, on le croira sans peine, n'était pas une sinécure, mais un emploi très-réel pour celui qui le remplissait et qu'on appelait l'*avocat de l'Eglise.*

Il semble que la difficulté d'obtenir justice au moyen âge dût entraîner et justifier toute espèce de violences. Avait-on à se plaindre de quelqu'un et ne pouvait-on en obtenir la satisfaction réclamée? On s'emparait aussitôt d'une personne de sa maison, de ses bestiaux, etc., etc.; il arriva aussi, par analogie, sans doute, mais par une analogie un peu forcée, qu'on enleva jusqu'à des moines et des frères convers. L'abbé de Pontigny a hâte de se plaindre alors au Pape de cet acte de violence. Le

Saint-Père blâme, réprouve et dit d'excommunier les auteurs de pareils excès.

Une contestation, survenue entre le monastère et la comtesse de Tonnerre, nous offre encore une bien étrange coutume.

L'affaire, après avoir été portée devant le Roi Philippe-le-Bel, traînant en longueur, on convint de s'en remettre à la décision de deux arbitres. Gain de cause fut donné aux moines. Il s'agissait d'un droit de juridiction; il leur fut accordé, mais on excepta de ce droit les *cas criminels* d'après lesquels, selon les coutumes du comté de Tonnerre, un homme, une femme, une *bête*, pouvaient être condamnés à être pendus, à avoir un membre coupé ou à être exilés à perpétuité. Ainsi, on condamnait une chèvre, un porc à être pendus, à avoir un membre coupé ou à l'exil! On devine le motif de ces extravagances. On voulait contraindre les serfs à veiller de près sur leur bétail, sous peine de se voir privés de ceux de leurs animaux qui auraient causé du dommage. Mais de pareilles condamnations n'en restent pas moins des actes étrangement fantasques et burlesques.

La vénération qu'on avait conçue pour saint Edme alla si loin qu'elle fit changer le vocable de l'abbaye qui était, comme celui de toutes les églises des Maisons de Citeaux, sous l'invocation de Notre-Dame. Pontigny ne fut plus connu que sous le nom de Saint-Edme.

Ce Saint, s'il est permis de parler ainsi, devint tout à fait populaire dans la contrée. Il absorba la foi des fidèles. Son nom fut universellement appliqué à tous les nouveaux-nés ; il fut le patron privilégié. A lui les plus précieuses offrandes, les prières les plus ferventes. Il attira toutes les dévotions. On se plut naturellement, voulant le faire aussi généreux que riche, à voir en lui le dispensateur de tous les biens, le médecin de tous les maux, l'intercesseur unique auprès de Dieu, le messager de ces suppliques infinies qu'un peuple naïf adressait au ciel. Le paralytique lui demanda de marcher librement; celui que l'art avait abandonné, des cures merveilleuses. L'épouse dont la couche demeurait stérile accourut surtout solliciter, de son pouvoir suprême, la fécondité qu'elle souhaitait.

Ce dernier attribut, il faut bien le dire, prêta quelquefois, en côtoyant des temps où la foi fut moins vive, en se rapprochant de l'époque qui vit la Règle beaucoup moins austère, à d'assez méchants propos sur le compte des moines. Ce n'étaient pas seulement des pèlerinages qu'on venait accomplir à Pontigny; on s'y rendait encore en procession pour toutes sortes de nécessités. Ces processions, excessivement nombreuses, furent plus d'une fois l'occasion de désordres inévitables. Ces désordres avaient-ils lieu dans l'intérieur du monastère? nous ne l'affirmons pas. Mais, plus explicite, la tradition semblerait l'admettre. D'ailleurs, qui pourrait nier que pendant les guerres civiles qui coïncident avec l'invasion des Anglais dans nos contrées, à la fin du quatorzième siècle et dans le cours du quinzième, les religieux, contraints de fuir l'abbaye, de se disperser dans les châteaux, de se mettre en contact avec le monde, ne rentrassent dans leurs cloîtres fort peu soucieux d'observer une Règle qu'ils avaient cessé de pratiquer?

Les troubles causés par la Ligue et ses suites produisirent des faits identiques. De là des mœurs qui ne conservèrent point leur pureté primitive. Cela est si vrai, que, depuis 1500 jusqu'en 1615, il n'y eut presqu'aucun ordre dans l'Ordre, si le jeu de mots est permis (*in eodem vix ullus ordo fuit*). Cet état de choses se prolongea malgré les plaintes des Rois et les exhortations des Papes. Cependant, vers 1615, beaucoup de monastères retrouvèrent et ranimèrent le zèle en faveur de l'antique Règle et des anciennes constitutions de Cîteaux. Mais, il faut l'avouer, Pontigny n'est pas nommé parmi les couvents qui se réformèrent.

On voit que, dans le cours du dix-septième siècle, le clergé séculier se montra plus d'une fois fatigué de ces processions si fréquentes à Pontigny. Un chroniqueur de l'abbaye de Saint-Père d'Auxerre se plaignait (1641) de celles qui se faisaient à ce monastère dès que la pluie manquait ou que la gelée menaçait les vignes. Une certaine pompe se déployait à ces pérégrinations pieuses. Dans un registre des délibérations capitulaires d'Auxerre, à la fin de 1644, on lit que tous les corps religieux et civils s'étaient joints à une immense foule de fidèles.

DEUXIÈME PARTIE.

XIV.

Maintenant examinons soigneusement, pour les placer ensuite avec ordre sous la date à laquelle ils appartiennent, les faits essentiels dont le monastère de Pontigny est le centre. Contenons-les dans leur sphère avant de les détacher les uns des autres et de les dérouler au courant des siècles qui les engendra. Que la pensée les embrasse afin que l'esprit les conçoive mieux, et que la méthode les classe afin que la mémoire les retienne longtemps.

Nous dirons comment, avant la fondation de Pontigny, les terres placées autour du monastère ne portaient la trace d'aucune culture, et combien les mœurs des rares habitants étaient sauvages; sauvages comme le sol où ils végétaient. Les siècles s'écoulaient sans que leur passage déposât la moindre amélioration au milieu des populations livrées à elles-mêmes. Rien ne vient fructifier là où rien n'invite à travailler; ni des besoins nouveaux, ni l'inquiétude de la responsabilité domestique, c'est-à-dire le désir d'élever la famille et de la laisser heureuse après soi. Pour que de pareilles pensées, qui sont aussi des sentiments, animassent les tristes colonies semées autour de Pontigny, il eût fallu qu'elles possédassent des chefs intelligents, des tuteurs politiques, et non des maîtres cruels, farouches, indolents, qui faisaient de la chasse leur unique occupation; vivant à l'ombre de ces grands bois où ils trouvaient leur vie et leur plaisir comme les animaux auxquels ils livraient bataille. Satisfaits de peu, bien qu'ils prissent tout, ces Rois de la contrée ne connaissaient d'autre industrie, au quatorzième siècle, que celle de convertir en cendres les bois et les gigantesques fougères qui étouffaient la terre. Leur génie commercial ne s'étendait pas au delà; il s'arrêtait à cette stérile transformation, industrie précaire, semblable à celle des sauvages d'Afrique, qui, au lieu de fertiliser le sable de leurs déserts, passent leur temps à le tamiser pour en extraire un peu d'or.

On verra ensuite Pontigny rompre cet état de barbarie, en s'établissant comme providentiellement au milieu de ces landes. Il se fait faire place; il défriche, il sème, il plante, il féconde; la bêche agrandit l'enceinte : et là où elle creuse un sillon et où elle fait naître des épis, l'homme se sent attiré. L'ordre et le bien-être, ces deux éternels mobiles de la civilisation, séduisent, appellent, retiennent par mille liens. On veut vivre là où on peut mieux vivre. Après l'homme, la famille accourra; la cabane s'élèvera à côté de la cabane; le village naîtra, et de sa liaison avec d'autres villages résultera la Commune qui est aussi une famille, qui est la miniature de la grande famille appelée patrie. Sous le regard paternel de Pontigny se créeront des communes qui existent aujourd'hui. OEuvres bien faites, elles ont duré.

D'un œil curieux on suivra leur développement sous l'autorité patriarcale qui les fonda. Pontigny contracte, administre, règle, en d'autres termes, civilise dans la proportion de ses forces et dans l'étendue des lumières accordées au quatorzième siècle. Son influence est immense pour le temps. Mais il importe d'apprécier les temps, si le philosophe veut se placer au niveau de l'historien.

Les droits personnels de ces bienfaiteurs s'accroissent; c'est leur récompense. Ils ont des droits proportionnés aux services qu'ils rendent. Un Pape augmente leur autorité. Instruit, touché de leur conduite qui tourne au profit de la religion, car la religion était toute force et toute lumière alors, Alexandre IV leur accorde des priviléges, des honneurs, sans oublier de se les rattacher plus étroitement encore par les anneaux d'une vassalité compensatrice. Il élargit la main qui donne, mais il tient le bras. Chacun y gagne. Plus sûrs d'eux-mêmes, à cause de cette sanction protectrice, les moines essaient d'autres réformes. Ce n'est pas seulement la terre qui réclame leur sollicitude. Quelle épaisse ignorance ne couvre pas les yeux et l'esprit des serfs du quatorzième siècle! A force d'énergie les moines commencent l'épuration des mœurs; ils attaquent d'absurdes coutumes nées de la fausse interprétation des livres saints. La fête des fous est abolie, ignoble paganisme introduit dans les mystères du culte catholique. Ils chassent du sanctuaire l'âne, les fous, la chanson cynique. *In fine missæ sacerdos versus ad populum vice: Ite, missa est, ter hinhannabit; populus verò vice: Deo gratias, ter respondebit: Hinham! hinham! hinham!*

Tant d'ascendant sera remarqué du pouvoir temporel qui ne le verra pas sans jalousie. Des voisins puissants voudront troubler l'état de sécurité établi par les moines sur une terre qu'ils n'avaient su, eux, les premiers possesseurs, qu'ensanglanter. Ils chercheront à entraver ces progrès qu'ils étaient aussi incapables de comprendre qu'inhabiles à produire. Ils menaceront l'existence de l'établissement; ils se feront redouter des généreux fondateurs, au point que ceux-ci se verront obligés de chercher des protecteurs dont le bras soit aussi fort que celui de leurs agresseurs.

Ces défenseurs, que la nécessité plutôt que la prudence leur conseillera de prendre, s'appelèrent *avoués*. Le temps leur apprendra combien il est dangereux d'avoir recours à ces alliances. Ceux qui protègent trop finissent par régner. C'est l'histoire de tous les protecteurs, avant et depuis Cromwell. Entre ces avoués et les moines de Pontigny, il s'élèvera, par la suite, des différends, des contestations, des procès; et les bons moines seront victimes. Il leur faudrait maintenant de nouveaux protecteurs pour les défendre contre leurs anciens protecteurs.

Ces contrariétés, dont la durée fut longue, n'empêchèrent pas les religieux de Pontigny, comme on le verra, de poursuivre leur tâche conciliatrice. Quand l'heure sera venue d'affranchir les serfs, ils aideront les Rois à l'accomplissement du grand œuvre social. Agriculteurs, tuteurs des familles, ils se mêlent aujourd'hui à la politique, par leur participation à l'affranchissement; demain, ils seront législateurs. Ils ont créé la propriété; il leur importe d'en surveiller l'emploi, la transmission, de la faire produire sans la grever d'impôts. Ils touchent à tout avec soin, intelligence, avec succès. S'ils ne peuvent pas abolir la coutume du duel que nous-mêmes n'avons pas pu abolir, du moins ils la limitent, la gênent. Sans briser l'épée, ils la raccourcissent.

Si ce qui les entoure marchait comme eux et avec eux, les temps meilleurs arriveraient vite. Mais leurs efforts resteront souvent isolés. Ici la paix, mais au delà de cette rivière, derrière ces montagnes, la guerre civile, la misère, la confusion, et au-dessus de ce chaos, la peste. Nous sommes entre le quatorzième et le quinzième siècle, qu'on ne l'oublie pas.

Pontigny résiste, mais il ne peut triompher de tant de maux à la fois. Il tombera dans la pauvreté, et il n'en sortira pas vite malgré les dons, ou, pour mieux dire, les promesses de Louis XI. Sans beaucoup s'améliorer, il se dégage pourtant peu à peu. Les abbés commendataires sont introduits à Pontigny : ce ne fut pas là la cause des adoucissements à la position du monastère. Leur intronisation est la conséquence du concordat entre François Ier et Léon X.

Dès ce moment l'abbaye deviendra l'apanage de l'intrigue ; on la donnera comme récompense à des prélats. Ceux-ci la feront administrer par leurs créatures. Ils ne résideront pas, ils ne se souviendront du monastère que pour le pressurer.

Là ne s'arrêteront pas les vicissitudes de Pontigny.

On verra que s'il ne fut pas à l'abri des rapines des abbés commendataires, il n'eut pas non plus le bonheur d'échapper aux coups autrement rudes de la Réforme.

Jean de Montrevel donne à Pontigny un avant-goût des vexations que lui préparent les protestants, dont, au reste, ce même Montrevel fut accusé de partager les doctrines. Il dévastera le monastère que Jean du Bellay, le fameux Jean du Bellay, le mécène de Rabelais, devait illustrer moins de sa présence que de son nom. Mais c'était aussi un abbé commendataire, de même que son successeur, Hippolyte d'Est, qui ne résida pas davantage.

Quoique les abbés commendataires se succèdent, l'élection n'est pas pour cela tout à fait tombée en désuétude. On y reviendra pour l'abandonner encore ; enfin, on fondra les deux systèmes : celui de la nomination arbitraire et celui de l'élection. Ces agitations sembleront dénoter des altérations dans la Règle ou une grande indécision dans l'esprit général des établissements monastiques exposés au choc de la Réforme ; non que Pontigny partage les idées novatrices, mais toutes les institutions religieuses sont sous le coup de l'examen et de la critique. Pontigny sera, au contraire, si peu porté à pencher vers la doctrine anathématisée, qu'il s'attirera, par son dévouement à l'Église établie, la colère des protestants. Ceux-ci le pilleront, le dévasteront, l'incendieront, comme leurs frères d'Allemagne incendieront, dévasteront et pilleront les couvents de la Saxe. Les protestants et les abbés commendataires paraîtront s'être entendus pour mettre au bord de l'abîme l'antique monastère que nous verrons enfin, poussé par l'ouragan révolutionnaire, tomber et disparaître.

Telle est la masse imposante des événements relatifs à l'établissement dont nous nous sommes constitué l'historien ; en voici le développement tranquille et succinct.

Quand l'abbaye de Pontigny se fonda, la population des paroisses environnantes était très-restreinte. Car, il ne faut pas l'oublier, les effets désastreux des irruptions des Normands, qui ne cessèrent qu'au neuvième siècle, n'étaient pas complétement effacés. Les habitants, serfs pour la plupart, cultivaient le sol. Néanmoins, on distingue encore des alleux et autres terres libres de redevances féodales, telles que celles du fondateur de Pontigny. Il existait, à l'époque contemporaine de l'établissement du monastère, de vastes landes ; ces immenses terrains vagues et stériles, ainsi que les forêts qui couvraient une partie du pays, étaient consacrés au pacage des troupeaux. Pour des hommes dont l'industrie était nulle, vivant de peu comme tous les hommes primitifs, élever des porcs était presque une richesse. La glandée dans les bois offrait donc une sorte de moisson et d'autant plus précieuse qu'elle naissait spontanément, sans frais, sans travail. Les forêts permettaient aussi aux seigneurs de se livrer à l'exercice de la chasse, la plus vive des passions ; le grand, le fameux privilége de la féodalité au moyen âge. Les besoins, on le voit, se trouvaient tellement restreints, que l'exploitation régulière des bois était chose inconnue. Les consommations locales faites, on convertissait en cendres tout l'excédant, qu'on expédiait ensuite dans les villes de quelque importance. Des documents nous apprennent qu'il passait à Auxerre, chaque année, un grand nombre de bateaux chargés de cendres et provenant des forêts du Morvan.

Insensiblement, les monastères étendirent la culture. Pontigny, en établissant des granges sur ses vastes possessions, jeta les fondements de plusieurs communes, telles que Pontigny (1), Bœurs, Chailley, Aigremont, Villiers-la-Grange, etc. Les baux consentis par l'abbaye, en 1360, par suite des guerres qui mirent obstacle à ce que les religieux pussent continuer avec sécurité l'exploitation des terres, furent aussi une cause de fixité, d'agglomération des habitants sur différents points.

S'il était besoin de démontrer combien de semblables transactions exercèrent d'influence sur la mise en valeur du sol, nous citerions d'autres baux postérieurs comprenant au delà de mille arpents de terres en friche, bois, buissons, pâturages affermés

---

(1) Le village qui s'était formé au couchant de l'abbaye commençait à prendre de l'extension. Venouse était toujours la mère paroisse; cependant, comme elle se trouvait à une demi-lieue de Pontigny, l'abbé obtint du Pape l'autorisation de désigner des prêtres pour administrer les sacrements aux serviteurs du monastère, et sans doute aux fidèles de Pontigny qui en demanderaient la permission. Ainsi l'abbaye commença à servir de paroisse, quoique le Pape eût dit : que cela se fasse sans nuire à la juridiction du curé de Venouse.

(L'abbé Henry, *Histoire de l'abbaye de Pontigny*.)

par l'abbaye, à la charge de les mettre en culture, sans redevances pendant plusieurs années. Certains baux furent même consentis à perpétuité.

De cet exposé et des faits primitifs antérieurement établis, il résulte qu'il y eut deux phases dans l'influence qu'exerça Pontigny sur la mise en valeur du sol.

D'abord, le monastère exploite la terre par ses propres membres, les frères convers; puis, plus tard, lorsque des parties notables se trouvent défrichées, qu'il a créé des centres de productions agricoles, il les accroit, les agrandit, en y rattachant, au moyen de baux, un territoire plus étendu. Il exista donc une double et puissante action qu'il était essentiel de faire ressortir. Pontigny est d'abord père, tuteur ensuite.

Le pouvoir temporel des abbés équivalait à celui d'un seigneur haut justicier sur ses terres; car l'Église, par ses tendances, s'est assimilée à la puissance et à l'esprit féodal. De nombreuses sentences attestent que les moines usaient de leur droit de juridiction. On voit, par exemple, qu'en 1466 un nommé Ravillon de Chailley fut condamné, pour crime de bestialité, à être brûlé vif avec une vache et un veau, et ses biens confisqués. Le prévôt de Chailley, où le monastère jouissait de la plénitude de ses droits seigneuriaux, rendit, dans le seizième siècle, bon nombre de sentences qui se traduisaient invariablement en pendaisons, brûlements, roues, fustigations.

En 1632, le prévôt de Pontigny condamne à mort un sieur

Rosier, chirurgien à Ligny, pour avoir tué son confrère habitant le même lieu. Il fut pendu sur la place de Pontigny et ses biens furent confisqués.

L'abbé, ne l'omettons pas, avait droit de *committimus*, c'est-à-dire d'appeler de ses procès aux requêtes du palais, à Paris; coup terrible, quoique inaperçu d'abord, porté à l'édifice féodal par la main des Rois réunie à celle du peuple.

Dans cette longue liste de cinquante-trois abbés qui se succédèrent, un seul se rencontra illettré, ce fut Guillaume II, qui ne savait pas même écrire. Quand il eut à prêter le serment de fidélité qu'il devait à l'évêque d'Auxerre (1340) en sa qualité d'abbé de Pontigny, il voulut s'excuser de donner son serment par écrit. Mais on insista sur cette obligation. Alors il le fit écrire en latin par un clerc et le lut. Il était ainsi conçu : « Je promets de conserver envers vous, père et évêque, vos successeurs canoniquement institués et le Saint-Siége d'Auxerre, la soumission, la révérence et l'obéissance que prescrivent les Saints-Pères et selon la Règle de Saint-Benoît, *sauf les priviléges de notre Ordre.* »

Ces derniers mots ne furent pas toujours insérés dans le serment prêté par les abbés de Pontigny. Malgré l'affirmation contraire de M. le doyen Henry, qui dit que le premier abbé fit cette réserve, nous adoptons, sans hésiter, l'opinion de l'abbé Lebœuf qui, dans son *Histoire ecclésiastique et civile d'Auxerre*, explique très-bien que cette phrase ne se rencontrait pas dans les anciennes formules, et que ce n'est que depuis l'an 1220 que les abbés de l'Ordre de Cîteaux se mirent sur le pied d'ajouter : *salvo ordine nostro.*

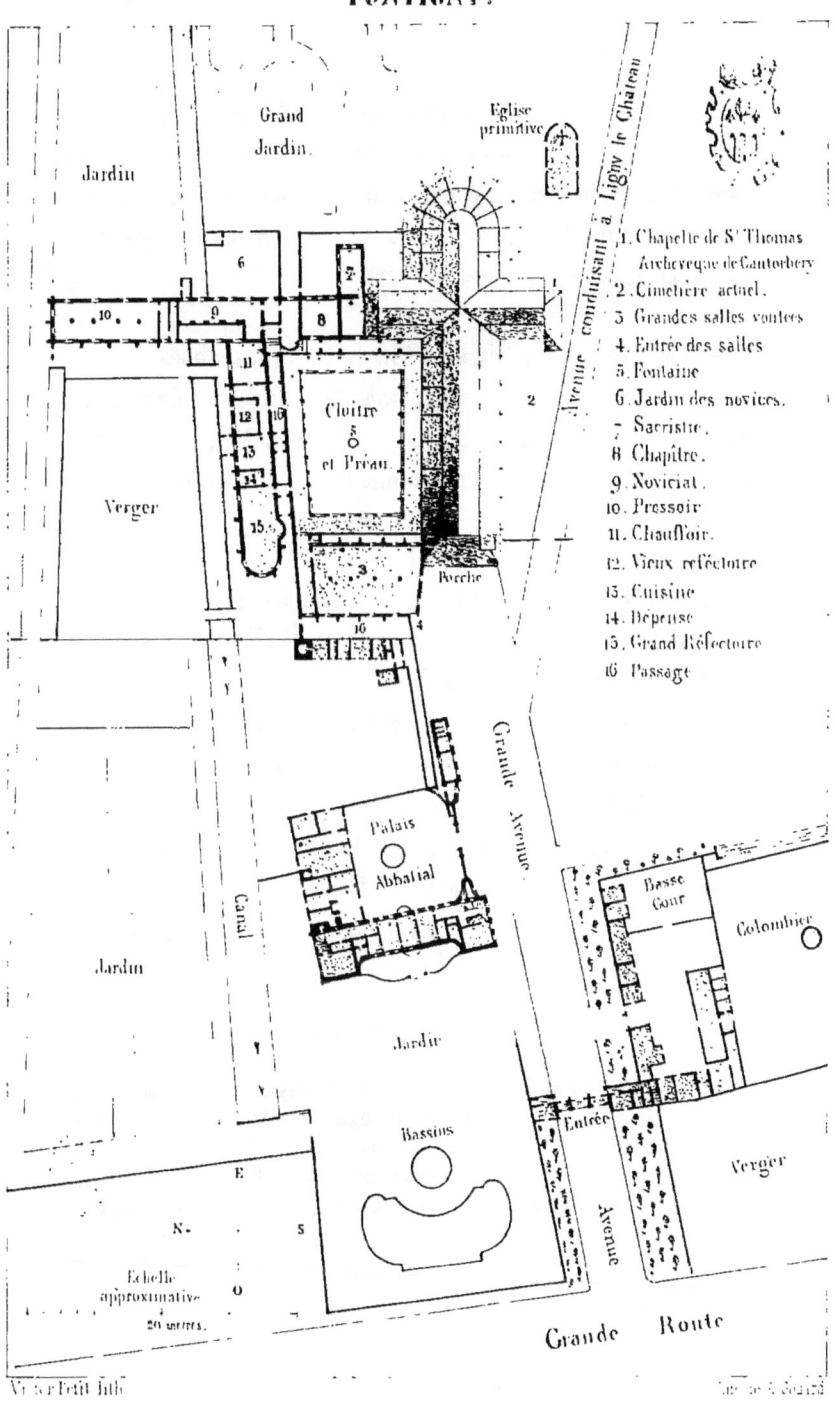

PLAN DE L'ABBAYE DE PONTIGNY.

Continuons à exposer le caractère des droits de juridiction civile et religieuse concédés aux moines de Pontigny, afin de mieux nous rendre compte plus loin des fautes où ils tombèrent, en laissant prescrire ces droits ou en ne s'en servant pas avec assez d'énergie.

Le Pape Alexandre IV, en 1260, accorda aux abbés de Pontigny le pouvoir de conférer tous les Ordres mineurs aux religieux de leur monastère, ainsi que de bénir les pierres sacrées des autels, les palles et autres ornements ecclésiastiques, pourvu qu'on se servît d'eau bénite par un évêque.

Jean de Bulmeville, l'un des hommes les plus savants qui gouvernèrent l'abbaye, avait été choisi, en 1415, par les Pères du concile de Constance pour chef de l'ambassade qu'ils envoyèrent en Ecosse. Le Pape Martin V voulut lui donner une marque particulière de sa bienveillance. Par une bulle de 1418, il lui annonce « qu'à sa considération, et pour rendre à son abbaye les honneurs qui lui sont légitimement dus, il permet à lui et à ses successeurs dans le monastère de Pontigny de se revêtir des insignes pontificaux, comme de la mitre, de l'anneau et des ornements qui les accompagnent (1).

---

(1) Les armes de l'abbaye de Pontigny se trouvent reproduites dans la partie supérieure du plan qui indique les bâtiments du monastère et les diverses constructions élevées dans l'intérieur de ces dépendances immédiates. Elles étaient d'*azur au pont d'argent de trois arches, surmonté d'un arbre de sinople, au haut duquel était un nid d'argent*, le tout accompagné de *deux fleurs de lis d'or, une à une* (une en pointe et une autre en chef). On

La Cour de Rome ne se montrait pas toujours si gracieuse; il y avait une contre-partie à ces concessions honorifiques accordées aux abbés de Pontigny. Chaque année ils devaient, en personne ou par un moine délégué, une visite au Saint-Siége. Qu'on y prenne garde, cette obligation ne se bornait pas à une pure politesse, à un simple acte de révérence. Elle était l'occasion d'un impôt, tranchons le mot, d'une sorte d'avanie. Des preuves l'attestent : en 1392, le religieux et savant docteur en théologie qui se rendit à Rome, pour satisfaire au devoir de la visite annuelle, revint médiocrement content de son voyage. C'était avec raison; il lui avait fallu payer, au camérier du sacré collége, cent florins d'or au Mouton, et cela pour le *service ordinaire*. Il lui sembla que cette somme était tellement considérable, qu'elle pouvait être portée au compte des dépenses tout à fait *extraordinaires* et il trouva que la quittance qu'il rapportait à l'abbaye manquait de sincérité sous ce rapport.

Néanmoins, c'est grâce à cette protection que Rome leur accordait ou leur faisait payer, que les moines de Pontigny portaient impunément la main sur les obstacles semés sur la route des améliorations par eux ouverte. Sans cet appui, ils auraient vu rebondir contre leurs têtes la hache qu'ils avaient osé lancer dans ces forêts d'ignorance, impénétrables avant eux au plus ardent rayon de lumière.

prétend que ces armes ont pour origine un arbre qui existait anciennement sur le pont du Serain et sur lequel les oiseaux faisaient leur nid.

M. Henry dit que les abbés ont pris quelquefois pour armes une Notre-Dame assise sur un pont de trois arches. Le très-vieux pont de Pontigny a en effet trois arches fort élevées.

Parmi les fêtes traditionnelles imaginées par le moyen âge, la *fête des fous* est une des plus célèbres : Auxerre la conservait sur son joyeux calendrier avec une vénération parfaite. De telles réunions, où la licence avait ses coudées franches, amenaient beaucoup de désordres et de scandale. Tout faire et tout dire, c'était là le rituel, la liturgie des célébrants. A la fin de 1401, un abbé de Pontigny, Jean de la Paix, dans une allocution pleine de force et de bon sens prononcée dans le Chapitre de la cathédrale d'Auxerre, démontra qu'il était de l'honneur du clergé d'abolir une fête due à l'ignorance et à la superstition la plus répréhensible. Le Chapitre, frappé des sages réflexions de l'abbé de Pontigny, résolut de faire cesser cette profanation des églises et la fête fut abolie pour toujours l'année suivante.

II

XV.

Le droit de protection, s'il n'est pas renfermé dans des limites nettement posées, fait naître souvent la faculté d'opprimer. Les monastères, privés de défense militaire, avaient dû, aux onzième et douzième siècles, rechercher des appuis parmi les grands vassaux de la Couronne dont la puissance était capable de les mettre à l'abri des violences si redoutables de leurs voisins. Cette nécessité faisait donc choisir des seigneurs qui, sous le titre d'*avoués*, les couvraient de leur protection armée. Mais ce titre, d'où découla le droit d'*avouerie* ou de garde, entraîna des conséquences assez sérieuses. A la mort de l'abbé (voilà un des vices principaux), l'avoué prenait l'administration des biens. Plus tard, il est vrai, lorsque le pouvoir royal cessa d'être presque nominal, qu'il se fut développé avec l'âge et fortifié par les guerres, le droit de s'immiscer dans la gestion du temporel, à la mort de l'abbé, se modifia en ne se manifestant que par l'accomplissement de simples formalités : telles que l'apposition de scellés par les officiers du seigneur ayant le droit de garde. Mais, par cela même peut-être que le droit primitif s'était transformé en une simple prérogative, celui qui la possédait attachait d'autant plus de prix à en jouir, à l'exercer et à ne pas souffrir qu'elle tombât en désuétude.

Les droits des comtes de Tonnerre, sur l'abbaye de Pontigny, furent précisément ceux que nous venons d'indiquer. Il est présumable qu'ils avaient passé dans leur Maison, lors du partage qui eut lieu des trois comtés d'Auxerre, Nevers et Tonnerre, au treizième siècle, entre les filles de la comtesse Mathilde d'Auxerre. Quoiqu'il en soit, l'exercice de cette prérogative parut toujours aux abbés de Pontigny une servitude qu'ils n'acceptaient qu'avec répugnance. Toutes les fois qu'ils ont eu à la subir, on voit qu'ils essaient de s'y soustraire. Parmi les tribulations inséparables de leur longue existence, cette apposition des scellés, cette intervention des officiers du comte de Tonnerre les blessa cruellement. Une première fois (1333), pour cause de refus de soumission au droit de garde, le monastère fut condamné par le parlement de Paris aux dépens et à une amende. Seulement, le comte, ainsi qu'il le dit lui-même : « considérant la povreté de l'abbaye et la bonne volonté que les religieux ont en nous, » veut bien leur faire grâce des dépens et de l'amende, à condition qu'ils lui paieront deux mille livres en quatre termes à partir de Noël 1334 (1).

Sans doute les moines de Pontigny furent contraints de se soumettre. Mais, chaque fois que la mort d'un abbé appelait l'exercice de cette prérogative des comtes de Tonnerre, ils gémissaient sur la nécessité de ne pouvoir échapper à une protection qui ne se traduisait plus, en définitive, que par des actes humiliants pour leur autorité. D'un autre côté, il est curieux d'observer avec quel soin le noble comte guette, pour ainsi dire, le trépas du chef de la communauté, et l'empressement qu'il apportait à ce que ses officiers procédassent diligemment à l'apposition des scellés. Cette lutte, entre des vanités abbatiales et l'orgueil d'un grand seigneur féodal, est une de ces mille faces de la misère humaine qui revient toujours et partout sous des costumes plus ou moins variés.

Pour mieux préciser les formalités qui s'observaient à l'occasion du droit de garde, nous reproduisons, à la suite de cette Notice, l'extrait du procès-verbal dressé le 24 février 1526, après la mort de l'abbé Louis de Ferrière (2).

(1) Ici, nous le pensons, M. l'abbé Henry s'est mépris. La remise faite par le comte porta uniquement sur les dommages-intérêts. Mais il exigea positivement le paiement des deux mille livres qui n'avaient rien de commun avec les dépens et l'amende. Or, l'historien de l'abbaye de Pontigny ne parle pas des deux mille francs qui furent bien réellement acquittés par les religieux.

(2) Voir à l'appendice, note E, l'extrait du procès-verbal.

Le droit de garde continua de s'exercer et il subsista tellement sans interruption que, même en 1788, les 14 et 17 juin, les officiers du bailliage de Tonnerre, aussitôt après le décès de l'abbé Chanlatte (il était mort le 13), se transportèrent à Pontigny où ils furent reçus par les sept religieux profès qui dirent *n'avoir moyen d'empêcher l'exercice dudit droit*. Toutes les formalités précédemment usitées furent rigoureusement remplies. Le procès-verbal constata, lors de l'apposition des scellés, le mobilier dans le plus grand détail, et décrivit avec une exactitude minutieuse l'état des appartements. A la suite de cette pièce se trouve l'acte qui mentionne la levée des scellés par l'effet de l'élection de M. Depaquy en qualité d'abbé. Ainsi ce droit de garde, si redouté, si insupportable aux moines, ne s'éteignit lui-même qu'avec le monastère; il le suivit, l'accompagna toujours et ne s'en sépara que le jour où tous deux descendirent dans la tombe.

XVI.

Les débats intérieurs, dont nous venons de dire l'origine et les conséquences, n'empêchèrent pas l'abbaye de prendre une part très-active et très-efficace au mouvement des affaires d'un intérêt plus général. Quoique la France ne fût pas alors un tout sympathiquement solidaire comme elle l'est aujourd'hui, par suite de son unité administrative, elle ne demeurait pas pour cela étrangère, sur toute son étendue, à certains grands événements produits soit par la marche des choses, soit par la volonté du Souverain.

L'impartialité ne permet pas de nier que l'Église seconda de toute son influence les efforts que fit l'autorité royale dans le but d'amener l'affranchissement des personnes. Les Rois de la troisième race protégèrent constamment les communes contre l'aristocratie qui les opprimait. Leur émancipation et celle des serfs fut préparée par l'intervention salutaire de l'abbé Suger, sous Louis-le-Gros, continuée par Saint-Louis et achevée en grande partie sous le règne de Louis-le-Hutin. Admettre que cette mesure lui fut inspirée par des idées généreuses, tandis que le besoin d'argent la lui dicta, ce serait faire trop d'honneur à ce prince. Non-seulement il ne donna pas la liberté, mais il la vendit et prescrivit même aux serfs de ses domaines de se racheter. Il publia, en 1316, une ordonnance passablement curieuse, qui portait ce qui suit : « Comme selon le droit de nature chacun doit être franc, » et que notre royaume est appelé royaume des *Francs*, nous » voulons que la chose soit en vérité conforme au nom. » Ce que l'autorité royale accomplissait sur ses domaines fut imité par les seigneurs qui, eux aussi, trouvèrent des avantages à concéder une liberté dont ils étaient les maîtres de fixer le prix.

L'abbaye de Pontigny ne possédait d'autres serfs que ceux des seigneuries qu'elle avait achetées à la fin du treizième siècle, c'est-à-dire Venouse et Montigny en partie. Cette absence de serfs sur les autres seigneuries du monastère s'explique par son origine même. Au commencement ses terres n'étaient que des granges, d'abord cultivées par des frères convers et plus tard par des habitants libres des pays voisins qui finirent par s'y fixer.

Mais si la population à l'état de servage se trouvait ainsi

restreinte aux deux domaines que nous venons de désigner, les moines eurent, du moins, le mérite de les affranchir sans leur vendre la liberté. C'est un titre honorable qu'il ne nous est pas permis d'oublier en retraçant l'histoire de l'abbaye. En 1345, l'abbé de Rougemont, qui appartenait à la noble famille de ce nom, laquelle compta trois archevêques de Besançon, octroyait une charte d'affranchissement aux habitants de Montigny, et, l'année suivante, par un acte semblable, il accordait la liberté à ceux de Venouse. Le comte d'Auxerre, qui avait des serfs à Montigny (car, ainsi que nous l'avons dit, cette seigneurie n'était pas dans sa totalité possédée par l'abbaye), se conforma à l'exemple que lui donnaient les moines et fit la même concession à ses vassaux. Indiquons quelques-unes des clauses de la charte d'affranchissement de Montigny, on appréciera mieux la valeur des dispositions qu'elle contenait.

« Nous *donnons establissons ottroyons et volons*, disent l'abbé et les religieux, que *nostre terre de Montigny, et nostre borgois demorant et habitant en icelle dite terre de Montigny, leurs hoirs de touz costelz et tuiz leurs successeurs soient perdurablement ès frans us et franches coutumes d'Auxerre*. Le plus riche *seul* devra chaque année *dix solz tant seulement pour franche bourgoisie*. Le reste des habitants sera imposé par *six prudhomes, jurez et esleuz*, du commun consentement des habitants. » Ces élections se faisaient et se renouvelaient tous les ans le jour de Saint-Jean-Baptiste. Ainsi voilà déjà le principe électif posé, établi, reconnu.

Si quelqu'un se rend coupable de quelque *forfait*, il ne sera pour cela dépossédé de ses biens ni puni de mort. Les amendes qui étaient excessives et fixées à *soixante* sous pour les délits commis dans les bois, les vignes, les plaines, etc., sont réduites à *cinq* sous. D'autres, dont le taux se trouvait être de *cinq* sous, ne seront plus que de *douze* deniers. Et, ce qui est très-important à dire, c'est qu'il est stipulé que les religieux, ni aucune personne agissant en leur nom, ne pourront créer, établir d'autres impôts que ceux déterminés plus haut, et encore devront-ils toujours être votés et répartis par les habitants eux-mêmes. Un autre abus est également prévenu par la disposition suivante : si l'abbaye, à défaut de paiement, fait saisir les effets d'un particulier, ce sera aux frais et dépens des religieux. La conciliation aussi deviendra possible entre les parties, ce qui n'existait pas auparavant. Si donc, après une plainte portée au prévôt par des habitants, ils arrivent à un accommodement, lors même qu'il s'agirait d'une affaire capitale, ils peuvent transiger entre eux : ils paieront seulement une amende. Mais s'il n'y a point eu de frais faits, l'amende ne sera pas exigée.

Les personnes cessent d'être inhérentes au sol.

Tout habitant peut vendre ses effets, quitter Montigny et y rentrer. Pour que cette faculté lui fût interdite, il faudrait qu'il fût coupable de *forfait ou mainfait, c'est à savoir meurtre, rat ou larcin ou autre cas de délit*. Les franchises de Montigny sont acquises dès qu'on l'a habité un an et un jour. Toutefois, en entrant dans les franchises de la commune, on donne *deux* sous. On est propriétaire d'un fonds de terre, d'un objet quelconque, par ce seul fait qu'on en aura joui sans qu'aucune réclamation se soit élevée au bout d'un an et un jour.

La transmission des héritages est assurée ; la succession recueillie par les plus proches parents. Si quelqu'un meurt sans qu'on lui connaisse d'héritiers, il est dit que les jurés de la commune garderont la succession pendant un an et un jour, et que, si, ce délai se trouvant écoulé, aucune réclamation ne s'est élevée, elle passera à l'abbaye de Pontigny, sous la déduction de ce qu'auront retenu les jurés pour leurs honoraires.

Rien d'essentiel ne devait être omis dans cette sorte de constitution rédigée pour la nouvelle commune.

Malgré le désir qu'éprouvaient les religieux d'abolir la coutume du duel, ce grand moyen de régler les différends au moyen âge, les préjugés de l'époque leur commandaient de la respecter. Mais s'ils ne purent la supprimer, ils s'efforcèrent du moins de rendre le duel plus difficile en établissant des peines pour certains cas. La charte déclare que si deux hommes ont accepté le combat, mais se sont accordés avant que d'en venir aux mains, ils paieront seulement chacun *deux sous* d'amende; *sept sous six deniers*, s'ils se sont battus et réconciliés ensuite; et *cent sous*, dans le cas plus grave où la contestation aura été uniquement réglée par les armes, si toutefois le provocateur ne mérite pas de perdre la vie ou un membre.

Enfin, dans leur profonde sincérité de voir à jamais maintenues les franchises qu'ils viennent d'octroyer, l'abbé et les religieux déclarent que, s'il arrivait qu'eux ou leurs successeurs prétendissent revenir sur les présentes concessions *(laquelle chose si Dieu plaist n'adviendra jà)*, les habitants pourront les citer pardevant *nostre très-cher seigneur le Roi de France* pour les obliger à tenir leur engagement.

Le document dont nous extrayons ces dispositions atteste donc hautement que l'abbaye de Pontigny, à cette époque, loin d'être animée par des idées de despotisme, était mue, au contraire, par des sentiments d'humanité et un instinct du progrès aussi facile à concevoir aujourd'hui qu'il était difficile alors à avoir, à écouter et surtout à satisfaire.

XVII.

Une si éclatante participation au bonheur des populations dont ils étaient les pasteurs, des vues si sages et si généreusement réalisées, ne devaient pas assurer le repos des moines. Ils travaillaient avec zèle, mais leur tâche s'accomplissait au fond d'un abîme : rien n'était solide autour d'eux. Le terrain s'affaissait à chaque instant et menaçait souvent de les engloutir.

Au milieu de la misère universelle causée par les guerres

entre la France et l'Angleterre, sanglantes collisions dont la durée n'embrassa pas moins de trois siècles ; au milieu de cette lutte qui commence, pour ainsi dire, sous Louis-le-Gros, et ne se termine, à proprement parler, sauf de courts intervalles, qu'avec le règne de Charles VII, une époque plus particulièrement funeste pour Pontigny et les pays circonvoisins se distingue : elle se détache en noir sur un fond déjà bien sombre. Cette époque désastreuse fut la seconde moitié du quatorzième siècle. Les lourdes calamités qui pesaient sur tous sans exception n'épargnaient pas les monastères, car la protection, née du droit de garde, disparaissait complétement devant l'invasion des bandes armées, dévastant la contrée. Le Seigneur *avoué* avait peine lui-même à défendre ses propres domaines.

Une foule de pièces, de documents viennent témoigner des embarras et de la détresse de l'abbaye à cette époque. Elle crie merci à ses créanciers. En 1366, les dix-sept religieux autorisent l'abbé à traiter avec plusieurs autres monastères pour la liquidation de différentes dettes. Cette même année et la suivante, l'évêque d'Auxerre prescrit au receveur des décimes accordées au Pape de ne pas lever la cote de l'abbaye, attendu sa pauvreté. Même décision est prise en 1386 par les officiers de l'archevêque de Sens, qui font remise d'une somme de 285 livres encore dues sur les décimes perçues au profit de l'archevêché. Cette remise est ainsi motivée : « à cause de la pauvreté produite par les guerres et malheurs du temps. » Trois ans plus tard, Philippe de Savoisy, seigneur de Seignelay, donne quittance de 600 livres qu'il avait prêtées à l'abbaye. En 1373, elle n'avait que 2,000 livres de revenus suivant l'attestation du camérier du Pape. Au quinzième siècle, sa situation ne s'était pas améliorée, car la guerre civile avait accru depuis cinquante ans la misère du pays. En 1448, le village de Villeneuve-sur-Buchin, compris dans la commune de Venouse, fut complétement détruit, et il ne restait à Venouse même que cinq habitants échappés au fer de l'ennemi ou à la peste, fléau qui s'était joint à tant d'autres fléaux. L'abbaye, dans des circonstances si pénibles, avait renoncé à une portion des impôts ou revenus qu'elle percevait, quoique ses aumônes dussent se proportionner à tant d'infortunes! Elle-même appelait des secours! Aussi, en 1434, les religieux implorèrent plus encore qu'ils ne réclamèrent de Philippe-le-Bon, duc de Bourgogne, le paiement de dix émines de froment que leur avait légués l'un de ses prédécesseurs. Le duc, en ordonnant qu'on acquittât cette rente, dit: *Considéré la poureté desdiz religieux, et que ladite rente est rente d'aumosne, et aussi qu'il n'y a aucun empeschement, ne cause raisonnable porquoy elle ne doye estre payée.*

Vers la fin du règne de Louis XI les temps étaient un peu moins difficiles; mais un abbé, Pierre de Laffin, acheva, par des dépenses inopportunes (1), d'augmenter la détresse de l'abbaye, et

---

(1) La reconstruction du logis abbatial, qu'il transporta dans la cour du palais des comtes de Champagne, c'est-à-dire à l'entrée de l'abbaye, dans cette partie de l'enclos, voisine à la fois de la route et de la rivière. Cet hôtel abbatial fut lui-même remplacé plus tard, ainsi que nous le dirons, par celui qui subsista jusqu'à la vente du monastère. Pierre de Laffin ne consentit pas moins de quatorze baux emphytéotiques. Cet abbé prodigue et fastueux eut la fantaisie de placer partout ses armes à côté de celles de l'abbaye. Il donna de plus le très-mauvais exemple de ne pas résigner le titre d'abbé de la Maison de Bénissons-Dieu, après son élection comme abbé de Pontigny.

cela à un tel point qu'après avoir été autorisé à engager plusieurs des propriétés du monastère par baux emphytéotiques, il eut recours à mille expédients ruineux et fut même conduit (1474) à emprunter trente livres d'un sieur Maret, receveur du domaine royal à Troyes. Trois calices restèrent en gage comme garantie, et la somme ne fut remboursée que trois ans plus tard. Pierre de Laffin, abbé de la Bénissons-Dieu, conseiller et aumônier du Roi, n'avait été placé à la tête de la Maison qu'à la suite d'une transaction avec un religieux de Pontigny qui lui disputa les suffrages. L'élection avait été accompagnée de beaucoup de brigues et de scandale, circonstances qui n'étaient pas sans exemple; car le temps où le plus digne obtenait la préférence était déjà bien loin.

Le souvenir du règne remet ici en mémoire le souvenir du Roi. Comment mentionner Louis XI sans parler de ses bigoteries? Pontigny ne devait pas plus y échapper que les autres monastères du royaume.

Le très-superstitieux, très-dévot, nous n'aurions garde de dire le pieux monarque Louis XI, vint plusieurs fois s'agenouiller devant le tombeau de saint Edme. Au mois d'octobre 1478, il allait entreprendre un nouveau pèlerinage à Pontigny, lorsque la crainte de la peste qui régnait à Auxerre le fit renoncer à son voyage. Ce Roi honorait si singulièrement les saints, qu'il préférait recourir à leur intervention, plutôt que de se confier à la toute puissance de Dieu. Mais le soin de sa santé, la crainte de la mort l'emportaient encore de beaucoup sur son amour pour saint Edme. Pontigny ne le revit donc pas en 1478. Mais, cette même année, il gratifia l'abbaye de 1,200 livres de rente à prendre sur ses domaines des villes d'Auxerre, Troyes, Sens, Provins, Vitry et Châtillon, Charnaye et Château-Thierry. A ces largesses il ajouta encore l'étang de Noux. A défaut de sa présence, c'étaient là ses cartes de visite.

Une donation vraiment curieuse est celle qu'il fit, aux moines de Pontigny, de ses vignes de Talen, près Dijon, au mois d'avril 1482. Louis XI était alors plus que jamais plein de la crainte de sa fin prochaine; il ne mettait pas de bornes à ses dons aux monastères, cloîtres, abbayes, chapelles, etc. Il profita de son voyage en Savoie pour accomplir le vœu que Commines et du Bouchage avaient fait pour lui à saint Claude. Sa première offrande à ce saint fut de quinze cents écus d'or, la seconde de cinq cents, et, le 20 avril, il donna quatre mille livres pour la fondation d'une messe. Les offrandes de cette seule année, d'après le compte de Bidant, général des finances, atteignirent le chiffre de *quarante-neuf mille livres*, somme énorme pour ce temps-là! Aussi est-ce avec raison que Duclos, son historien, a pu dire que si ce Roi eût vécu encore quelques années, la totalité des revenus du royaume aurait passé entre les mains des gens d'église. Venons à la donation de Louis XI aux moines de Pontigny. Voici un extrait de l'acte.

« Loys, par la grâce de Dieu, Roi de France, savoir faisons à
» tous présents et advenir, que nous considérans les très grans
» biens et préservations que Dieu nostre créateur, ainsi que fer-
» mement croyons nous a fais à la santé de nostre personne, de
» nos enfans et à la protection et garde de nos royaumes, païs et
» seigneuries, à la prière, intercession et requeste de très glorieux
» saint monseigneur Saint-Edme de Pontigny, auquel nous avons
» très singulière confiance, et à ceste cause fusmes plusieurs fois

» allez en pèlerinage au lieu où son saint corps repose.... donnons,
» ceddons, leguons, aumosnons, transportons et délaissons à
» perpétuité.... aux religieuls, abbé et couvent dudit monseigneur
» Saint-Edme de Pontigny.... toutes les vignes que nous avons
» situées au terrouer et vignoble de Talen.... et lesquels religieuls,
» abbé, et couvent et leurs successeurs seront tenus de prier
» Dieu, Notre-Dame et mondit seigneur Saint-Edme de Pontigny,
» pour nostre estat, prospérité et santé de nostre très chier et
» très amé fils le Dauphin Viennois et pour nostre très chère et
» très amée compagne la Royne; ET MESMEMENT POUR LA BONNE
» DISPOSITION DE NOSTRE ESTOMAC, QUE VIN NI AULTRES VIANDES
» NE NOUS Y PUISSENT NUYRE ET QUE NOUS L'AYONS TOUJOURS
» BIEN DISPOSÉ, etc.... Donné à Arban en Savoie, au mois de
» avril, l'an de grâce 1482 de nostre règne le vingt-unième,
» après Pasques. Signé LOUIS (1). (Cart, de Pont., t. 11, p. 303). »

(1) Cette préoccupation continuelle et presque exclusive de la conservation de sa santé était si naturelle à Louis XI, qu'il dit un jour à un prêtre, chargé de demander pour lui à saint Eutrope la santé de l'âme et du corps : « supprimez ce qui regarde l'âme, que j'aie la santé du corps, n'importunons pas autrement ce grand saint. » On trouve l'influence des mêmes idées dans une lettre de ce prince à Pierre Cadouet, prieur de Notre Dame de Salles à Bourges : « Maître Pierre, mon ami, je vous prie, tant comme je puis, que vous priiez incessamment Dieu et Notre-Dame de Salles pour moi, à ce qu'il leur plaise m'envoyer la fièvre quarte; car j'ai une maladie dont les physiciens disent que je ne puis être guéri sans l'avoir, quand je l'aurai, je vous le ferai scavoir incontinent. « LOUIS. »

On sait quelles étaient la déférence et les prodigalités de Louis XI pour son médecin Coctier qu'il regardait comme l'arbitre de ses jours. Il lui faisait payer, par mois, de gages fixes, *dix mille écus*, sans compter les gratifications. Il a été établi, par les comptes des trésoriers de l'épargne, que cet homme avait, en moins de dix-huit mois, touché *quatre-vingt-dix mille écus!* et tout cela indépendamment des seigneuries dont le Roi lui fit don et des charges qui lui furent conférées!

Toutefois, Louis XI étant mort le 30 août 1383, les lettres-patentes, dont nous venons de citer un extrait, ne furent point enregistrées à la Cour des comptes de Dijon, ni celles qui contenaient aussi donation de vignes au profit des moines de Saint-Claude. Le procureur du Roi s'y opposa en invoquant le principe qui ne permettait pas au Souverain d'aliéner aucune partie de son domaine. Le Parlement de Paris agit de même à l'égard d'autres donations analogues faites par ce prince.

Une chose nous frappe : c'est qu'à une époque très-rapprochée de celle où le monastère éprouvait des embarras d'argent dont nous avons vu les preuves incontestables, il acheta (1479) la terre de Vergigny de Milès, de Bourbon, moyennant quatre cent cinquante livres tournois. Sans doute la somme n'était pas considérable, mais enfin cette acquisition contraste avec la situation financière de l'abbaye. Il n'y a qu'une seule explication possible : c'est d'admettre que les moines, pour payer, se confiaient sans réserve à la Providence et aux âmes pieuses. Indépendamment des 450 livres, le chevalier Milès stipule qu'il veut avoir part aux prières et oraisons des religieux ; c'est comme un supplément au prix de vente qu'il réclame et une façon d'agir à la Louis XI.

Avant de clore cette époque, qui précède immédiatement l'introduction des abbés commendataires, indiquons que, par les soins de l'abbé Louis de Ferrière, les cloîtres du Silence furent reconstruits, le chapitre et l'ancien réfectoire recouverts de boiserie, parties importantes qui subsistèrent sans altération jusqu'en 1790.

XVIII.

Le concordat, conclu le 15 août 1516 entre Léon X et François Ier, avait apporté des changements notables aux principes qui se trouvaient consacrés par la *pragmatique* de Charles VII. En effet, l'ordonnance connue sous ce nom, entre autres dispositions essentielles, abolissait les réservations, les grâces expectatives, les annates, les évocations. Elle conservait aux Églises le droit d'élire leurs évêques, aux monastères leurs abbés; faisait enfin ou renouvelait beaucoup de règlements pour le maintien de la discipline ecclésiastique.

Le désir d'improuver ou de détruire tout ce qui s'était accompli sous le règne de son père avait déterminé Louis XI, après une négociation avec la Cour de Rome, à abolir la pragmatique. Mais le Parlement s'étant constamment refusé à enregistrer l'édit de révocation, il arriva que, pendant la vie de ce prince, la pragmatique ne fut pas tout à fait abandonnée. On l'observait, on la négligeait, selon que le Roi était satisfait ou mécontent de ses relations avec la Cour de Rome. Toujours chère à la nation, qui y voyait la consécration d'une de ses libertés, elle recouvra toute sa force sous les règnes de Charles VIII et de Louis XII.

Tel était l'état des choses lorsqu'intervint le concordat de François I*er*.

Cet acte de haute politique attribuait au Roi la nomination aux prélatures et aux bénéfices consistoriaux (1); c'est-à-dire la faculté de pourvoir directement aux évêchés, archevêchés, abbayes et prieurés. Par là le choix du Souverain était substitué au principe d'élection, et de plus, par le fait, le concordat détruisait la pragmatique, et l'annate se trouvait rétablie inévitablement au profit du Saint-Siége. Ce droit, si précieux pour le Pape, consistait à percevoir le revenu d'une année des bénéfices qu'il

---

(1) On les nommait *bénéfices consistoriaux*, parce que le Pape, soit sur l'élection, soit sur la nomination royale, les conférait dans le consistoire (l'assemblée des Cardinaux).

conférait. Le Parlement n'enregistra que comme forcé et contraint le concordat de 1516. Enfin, après des résistances qui se prolongèrent, mais qui durent cesser, il finit par devenir loi du pays (1). Le droit d'élection confié aux Chapitres pour la nomination des évêques, celui attribué aux chanoines, aux religieux, pour la désignation des abbés, disparurent avec la pragmatique. Quelques églises, certains monastères avaient d'abord été exceptés comme devant conserver la faculté de choisir leur chef; mais ce privilége ne tarda pas à se perdre par l'application rigoureuse du nouveau principe qui prit un caractère de généralité absolue (2).

On comprend combien de droits et d'intérêts se trouvèrent froissés. Ce n'est pas que, dans le passé, il n'y eût eu des exemples qui prouvaient que le Souverain n'avait pas toujours été sans influence directe ou indirecte sur le choix des évêques nommés par les Chapitres; influence qui se traduisait par la voie de recommandation, la permission donnée d'élire, l'approbation de l'élection, par la réception du serment que prêtait le titulaire élu. Et c'est aussi en raison de toutes ces circonstances que Dumoulin a pu considérer, tantôt les élections, tantôt les nominations royales,

---

(1) François Ier, pour assurer d'une manière définitive l'exécution du concordat, ôta au Parlement la connaissance de tous les procès concernant les bénéfices de nomination royale, et l'attribua au grand conseil par un édit présenté le 24 juillet 1527, confirmé par une déclaration du 6 septembre suivant. — Le Roi, à l'occasion d'une nomination qui l'intéressait personnellement, avait vu son autorité méconnue : ayant appelé à l'évêché de Condom François Dumoulin de Rochefort qui avait été son précepteur, l'élu du Chapitre, Claude de Grosolles, fut préféré et maintenu par le Parlement.

(2) Bulle du 9 juin 1531, de Clément VII.

comme étant le droit de l'Eglise de France. Mais qu'il y avait loin de ces interventions diverses, variées, à un principe absolu, qui conférait à l'autorité royale le droit de pourvoir seule aux vacances! Au surplus, si François Ier, en stipulant avec Léon X, avait fait sa part belle, il ne l'avait pas faite moins large à cet habile Pape. D'abord le concordat mettait au néant la pragmatique, objet da l'animadversion constante du Saint-Siége; puis il lui assurait, par le rétablissement de l'annate, des revenus plus abondants. Léon, ayant pris soin d'insérer la clause de *veri valores*, l'expression vraie de la valeur des bénéfices, il repoussait l'ancienne taxe qui, jusque là, avait servi de base à la perception de la première année du revenu. Il la repoussait parce que, la valeur des biens ayant augmenté et ne pouvant que continuer à s'accroître dans la suite, l'annate produirait par conséquent beaucoup plus qu'auparavant. D'ailleurs, et pour plus grande garantie, un légat serait envoyé dans le royaume pour arrêter, de concert avec des commissaires français, les nouvelles taxes.

En rapprochant les deux principaux articles de ce concordat, on reconnaît que les rôles furent complétement intervertis. Le matériel, l'argent en un mot, est dévolu à Léon X; le personnel ecclésiastique appartient à François Ier. Mézeray a parfaitement caractérisé cette grande transaction, quand il a dit : « On ne vit jamais d'échange plus bizarre; le Pape, qui est une puissance spirituelle, prit le temporel pour lui et donna le spirituel à un prince temporel. »

L'exécution du concordat introduisit les abbés commendataires à Pontigny. C'était de raison. Le monastère devint une sorte d'apanage réservé à des Prélats qui obtinrent, soit par leurs services, soit par la faveur et sans s'astreindre à la résidence, sans se plier à aucune fonction, non plus l'abbaye, mais la terre de Pontigny. Jacques de Jaucourt céda son titre au cardinal du Bellay, en 1546, qui, en échange, lui donna les abbayes de Cormery et de Barbeaux.

Entre l'installation de Jacques de Jaucourt et sa cession à l'illustre Cardinal, se placent quelques événements qui appartiennent à l'histoire du premier de ces deux Prélats. Nous les dirons d'abord : l'administration de Jacques de Jaucourt, qui n'avait pas duré moins de vingt-et-un ans, fut tachée de désordres qui le conduisirent à aliéner des biens considérables, et notamment la majeure partie de Villiers-la-Grange. En 1527, il fit hommage de la terre de Vergigny à Louis, comte de Tonnerre, et, onze ans après, il rendit encore foi et hommage, comme *homme vivant et mourant*, à la comtesse de Tonnerre, pour cette même seigneurie.

Ce que nous venons d'écrire, sur le caractère des abbés commendataires et particulièrement sur Jacques de Jaucourt, fait pressentir, tairions-nous les dates, la venue de la Réforme, ce terrible moyen qui ne réforma pas, mais qui trancha. Par ce qui est, on sent ce qui va être; on sent qu'après tant d'abus, tant de dilapidations et si peu de remontrances, une crise va éclater. Le genre humain n'a pas d'autre marche. Quand une prospérité est arrivée à son plus haut sommet, elle s'étourdit, s'enivre avec sa propre haleine; elle ne voit pas qu'on l'observe et que l'ennemi qui est à ses pieds va la renverser. Ainsi tomba l'Empire romain ; ainsi Rome, centre et personnification du Catholicisme, faillit périr une seconde fois avec la Réforme.

Le temps approchait où les guerres religieuses seraient pour le monastère un sujet d'effroi. Déjà même (1528) un premier fait, se rattachant aux idées nouvelles, se produisit empreint d'une incroyable audace. Un Jean de la Beaulme, comte de Montrevel, seigneur de Ligny et *fauteur de l'hérésie de Calvin*, ainsi que le qualifie M. l'abbé Henry, s'introduisit dans l'abbaye à main armée, avec trois cents hommes, et, après s'y être livré à une foule d'excès, imagina, pour colorer et justifier cette étrange visite, de rédiger une manière de procès-verbal qu'il remit au bailli de Sens. Dans cette étrange pièce, il prétendait : « Qu'en vertu d'une commission qu'il avait reçue en l'absence du comte de Guise, gouverneur de Champagne et de Brie, il s'était transporté à l'abbaye; que les portes lui avaient été fermées, qu'il avait remarqué dans l'intérieur des aventuriers et des gens de guerre; qu'ayant sommé les religieux de lui ouvrir les portes, on lui avait répondu que, lors même que le Roi et la Reine seraient présents, on n'ouvrirait pas. Il ajouta encore, qu'après avoir entendu bien des injures contre le Roi et le comte de Montrevel, son père, il avait appelé la justice de Ligny qui avait rompu les barrières. Comme j'entrais, dit-il, deux serfs se jetèrent sur moi et sur les gentilshommes de ma suite. Je ne me défendis point; mais les gentilshommes, se voyant blessés, tirèrent leurs épées et frappèrent un des serfs. » Enfin, le comte de Montrevel termine en disant qu'après avoir fait ses dévotions, ainsi que ceux de sa suite, ils s'étaient retirés tous *sans commettre aucun délit, ni excès, ni violence* (1).

Ce roman, très-bien incidenté, mais d'une rare impertinence, n'obtint aucun crédit; et le bailli de Sens n'eut pas de peine à reconnaître que tous les faits racontés dans le procès-verbal étaient controuvés. En conséquence, le comte de Montrevel fut condamné à payer douze cents livres aux religieux, à titre de réparations civiles, dommages, etc., et, de plus, à huit cents livres d'amende envers le Roi. Ne se tenant pas pour battu, le comte appela à Auxerre. Là, il subit, avec ses complices, un interrogatoire, et la sentence fut confirmée; même résultat à Villeneuve-le-Roi, où il s'était pourvu de nouveau. Sa résistance et ses appels successifs trouvèrent pourtant un terme devant le Parlement qui, par un bon arrêt, et cette fois définitif, le condamna, sous peine d'être expulsé du royaume, à exécuter la première sentence rendue contre lui.

Le comte, et il y paraît bien, qui n'était pas l'ami des moines de Pontigny, imagina de leur ménager un déplaisir d'un autre genre. Il prétendit que l'abbé de Jaucourt et le prieur devaient le recevoir comme ayant, lui, comte de Montrevel, la *garde gardienne* de l'abbaye. Mais cette tentative fut repoussée. La demande n'était pas soutenable et il sembla aux religieux que c'était bien assez que ce droit appartînt aux comtes de Tonnerre, sans encore avoir à subir la protection des vicomtes de Ligny.

(1) Nous avons reproduit ce procès-verbal, en empruntant, sauf de légers changements, l'extrait qu'en donne M. l'abbé Henry, dans son *Histoire de l'abbaye de Pontigny*. Ces faits sont puisés dans le Cart. de l'abbaye, t. 1, p. 38.

Ouvrons maintenant les portes de Pontigny à une Éminence parmi les Éminences ; nous l'avons déjà annoncée, il est temps de l'introduire.

L'abbé commendataire, qui allait posséder Pontigny, était illustre, par ses titres, dans l'Ordre ecclésiastique; considérable par les grands services qu'il avait rendus à l'Etat. C'était Jean du Bellay, Cardinal, doyen dans le Sacré Collége, chargé, par François Ier, des plus grandes affaires, des négociations les plus difficiles; nommé par lui successivement évêque de Paris, ambassadeur auprès de Henri VIII, pendant des circonstances graves; revêtu du titre de Lieutenant-Général avec le commandement de la Picardie et de la Champagne : certes, un pareil personnage était un homme remarquable parmi les plus éminents de son siècle. Il aimait les lettres et se servit de son influence pour déterminer François Ier à fonder le Collége royal de France. Cette seule création suffirait pour faire vivre le nom de du Bellay, n'eût-il pas eu Rabelais pour médecin ou pour secrétaire. La protection du Cardinal accordée, pour le dire en passant, à l'ancien moine dont la verve satirique épargna si peu le clergé, prouve assurément plus que de la tolérance. Car Rabelais eut l'insigne privilége de se moquer très-impunément des deux choses que son siècle respecta le plus : le dogme et l'autorité. Il fallait même une excessive indulgence pour faire grâce au cynisme en faveur des saillies pleines de sens et d'énergie de l'auteur de Pantagruel. « Où Rabelais est mauvais, il passe bien au delà du
» pire; c'est le charme de la canaille : où il est bon, il va jusqu'à
» l'exquis et l'excellent; il peut être les mets des plus délicats. »

Voilà ce que pensait de Rabelais le profond La Bruyère; qu'en pensait le Cardinal?

Le Cardinal du Bellay, après la mort de François Ier, se démit de l'évêché de Paris et de l'archevêché de Bordeaux. Il se fixa tout à fait à Rome, où il fut pourvu de l'évêché d'Ostie; il faillit même, tant étaient grandes son influence et sa considération, être élevé à la Papauté, comme successeur de Marcel II. Le Cardinal avait fait construire à Rome un palais magnifique. C'est là que, cultivant les lettres, entouré d'artistes qu'il protégeait noblement, abbé commendataire de plusieurs riches abbayes, il vit son existence, calme et honorée, s'écouler au milieu de ce luxe élégant qu'avait créé, d'une manière si splendide, Léon X, pendant son pontificat.

On lui pardonne de n'avoir pas résidé à Pontigny, quand on songe à l'occupation que lui donna toujours le bien de la religion, qu'il illustra et à laquelle il aurait épargné la plus grave énormité, si le hasard n'eût été contre lui. Le fait est trop à la gloire d'un des plus célèbres commendataires de l'abbaye pour le passer sous silence. Le voici dans toute son importance. Le Cardinal n'avait rien omis pour prévenir le grand événement qui causa le schisme de l'Angleterre et sa séparation définitive de Rome. En 1527, du Bellay se trouvait, comme ambassadeur, auprès d'Henri VIII, qui déjà menaçait d'une rupture. Toutefois, il promit de suspendre cette grave détermination, pourvu qu'on lui donnât le temps nécessaire de se défendre par procureur. Aussitôt le Cardinal se rend auprès de Clément VI pour obtenir le délai réclamé par Henri VIII, et il est accordé. Du Bellay envoie immédiatement un courrier au Roi d'Angleterre, afin d'avoir la procuration promise. Un terme est assigné pour la transmission des pouvoirs demandés. Cependant, on ne les reçoit pas au jour fixé. Alors les agents de Charles-Quint insistèrent d'une manière si pressante, avec une telle violence, que le Pape *fulmina l'excommunication contre Henri VIII et l'interdit de ses Etats*, malgré les protestations, les prières du Cardinal. Et, chose vraiment digne de remarque, le courrier, attendu de Londres, arriva deux jours après!... Mais la bulle était lancée, le mal fut irréparable; Henri VIII, devenu à son tour inflexible, voulut consommer ce grand acte qui sépara pour jamais l'Angleterre de Rome. Ainsi, l'accomplissement de l'un des événements les plus considérables des temps modernes fut dû peut-être aux retards d'un courrier!

Le Cardinal avait à Pontigny un agent, Claude Coutereau, chargé de la gestion des biens et de la perception des revenus (1).

Jean du Bellay mourut à Rome, le 16 février 1560. Mais, l'année précédente, ayant résigné l'abbaye, il avait eu pour successeur, comme abbé commendataire, Hippolyte d'Est, connu sous le nom de Cardinal de Ferrare.

(1) Le Cardinal grand seigneur avait à Paris une espèce de chargé d'affaires avec mission de surveiller, de centraliser les recettes et de contrôler les dépenses. Ainsi, nous remarquons à la date du 20 mars 1558 une quittance donnée par Regnauld Sombraille, chanoine de Paris, *receveur général de la Maison de Monseigneur le Cardinal du Bellay*, à Nicolas Frazans, secrétain de Pontigny, pour les revenus de diverses fermes. — Un fait économique, qui déposerait de l'excellence des crûs dépendants de l'abbaye, c'est celui-ci : parmi les dépenses énoncées par Nicolas Frazans figure une somme de 177 livres 6 sous pour les frais et *charroy de 20 muyds de vin envoyez à Monseigneur à Rome et ce depuys ledit Pontigny jusqu'à Chaalon sur la Sonne...*

Hippolyte d'Est était fils d'Alphonse, duc de Ferrare, et de la trop fameuse Lucrèce Borgia. Envoyé fort jeune à la Cour de François Ier, il y fut accueilli comme un parent, car le frère aîné d'Hippolyte d'Est avait épousé Madame Renée de France, sœur de la première femme de François Ier, et sa nièce avait pour mari le duc de Guise. A tant d'avantages, le jeune prince italien joignait beaucoup d'esprit et d'instruction. Devenu Français par adoption, il eut toute la confiance du Roi et devint l'objet de largesses multipliées. Les plus hautes dignités ecclésiastiques, les plus riches bénéfices lui furent réservés. A la recommandation de François Ier, le Pape Paul III le créa Cardinal en 1539, lui donna ensuite l'archevêché de Milan, le gouvernement du patrimoine de Saint-Pierre et l'archevêché de Lyon. A tant de faveurs s'ajouta encore celle de l'entrée au conseil privé du Roi. Abrégeons la liste des sinécures ecclésiastiques qu'il posséda, de peur de couvrir des pages entières; bornons-nous à dire qu'il échangea l'archevêché de Narbonne pour les abbayes de Bolbeque et de Pontigny, sans énumérer les évêchés, les archevêchés qu'il prit, quitta et reprit successivement, avec plus d'avantages pour lui que d'édification pour le monde.

Il est pourtant juste de dire que le Cardinal d'Est, dont la vie s'écoula au milieu du souci des négociations et des graves intérêts politiques de son temps, était laborieux, appliqué; et qu'il rendit des services à la France comme homme d'Etat. Mais il faut s'abstenir de chercher en lui l'ecclésiastique, car on ne le trouverait pas. De même que son prédécesseur, il eut un gérant à Pontigny qui lui rendait bon compte des revenus.

Il mourut à Rome (2 décembre 1572) laissant un immense héritage (1). Ce fut son neveu, le Cardinal Louis d'Est, qui recueillit une partie de la succession. Comme son oncle, il eut d'abord le titre de protecteur des Eglises de France, et il obtint Pontigny comme abbé commendataire. Cette fois, le gérant, le représentant de l'abbé grand seigneur ne fut pas même un Français. Car Jean Victriani, chargé de l'administration des biens, était Italien; et, chose assez bizarre, du vivant même du Cardinal, il prit le titre de vicaire-général et d'abbé titulaire. Probablement ce n'était là qu'une forme, un expédient afin que l'abbaye ne pût lui échapper à la mort de son maître. Aussi le voyons-nous, dès qu'elle arrive, à la tête du monastère sous le nom d'abbé *régulier*. Que la Règle de Citeaux, si sage, si mesurée, si austère est loin de nous ! N'essayons pas de la chercher sous de semblables abus; nous n'en trouverions pas même les plus faibles traces.

Ce Jean Victriani ne séjourna que le moins possible à Pontigny; il retourna à Rome où il mourut en 1584 (2). Les moines

---

(1) C'est évidemment par erreur que M. Henry place la mort du Cardinal en 1562, puisqu'il existe des actes émanés de lui bien postérieurs à cette date. Ainsi, nous avons eu sous les yeux, à l'occasion d'un bail de terres à Germigny, du 26 novembre 1569, une procuration donnée par le *Cardinal Hippolyte d'Est* à son trésorier Balbi, sous la date de janvier 1567. Un autre bail enfin, consenti pour les terres de Bœurs, relate une seconde procuration passée, en juin 1568, par *Hippolyte d'Est de Ferrare*.

(2) M. l'abbé Henry s'est également mépris en donnant pour date à la mort de Victriani la fin de l'année 1586. Elle remonte, sans le moindre doute, à 1584 et nous en trouvons la preuve dans une curieuse lettre de procuration donnée, par les religieux de Pontigny assemblés, à l'un d'eux, afin d'aller annoncer au prieur de La Bussière qu'ils l'ont élu pour leur abbé *à cause de*

n'avaient rien eu de plus pressé que d'essayer de ressaisir leurs droits, en procédant immédiatement à l'élection d'un nouvel abbé, François-Jean de Mavie, prieur de La Bussière. Mais ils oubliaient que, précisément parce que le dernier titulaire était mort en Cour de Rome, leur choix se trouvait frappé de nullité (1). Toutefois, le Pape ne pourvut pas à la vacance; ce fut Henri III qui s'en chargea; il gratifia de l'abbaye le marquis de Saint-Sorlin, qui, du reste, appartenait à la famille d'Est, par sa mère Anne d'Est, duchesse de Genevois. Ainsi, on le voit, le monastère était en quelque sorte inféodé dans cette famille.

Cependant Saint-Sorlin, après avoir vainement sollicité ses bulles, las de les attendre et craignant que l'abbaye ne lui échappât complétement, se démit de son titre au profit de Claude de Boucherat, non toutefois sans avoir reçu de ce dernier un large dédommagement pour cet abandon. Henri III ratifia cet arrangement le 18 décembre 1588, n'ayant rien à objecter, puisque le marquis le trouvait excellent. Mais une nouvelle péripétie va se présenter. Les troubles de la France, la mort de Henri III,

---

la mort de Jean Victriani. Cette lettre est du 12 juin 1584. Aucune incertitude ne saurait subsister sur l'exactitude de cette date, car, dans le cours de la lettre de procuration, il est dit que c'est la deuxième année du pontificat du Pape Grégoire XIII, qui est mort l'année suivante.

(1) Le Pape s'était arrogé le droit de disposer des bénéfices des titulaires morts en Cour de Rome : c'est ce qu'on désignait sous le nom de vacance *in curiâ*. Cette faculté avait même reçu une extension singulièrement abusive. Ainsi, par exemple, ce qu'on appelait *curia*, c'est-à-dire la Cour du Pape, fut étendue à deux journées de Rome ou d'Avignon, lorsque les Papes y résidèrent.

sont autant de circonstances qui permettront aux moines de se plaindre à Rome de l'irrégularité de la possession de Claude de Boucherat, et de s'opposer à l'obtention de ses bulles. En effet, elles ne furent pas expédiées et il se vit contraint de déposer sa démission. Satisfaits de cette concession, de cette reconnaissance de leur pouvoir, les religieux de Pontigny consentirent à l'élire. Il reçut ses bulles et sa nomination fut confirmée par un brevet de Henri IV, le 10 mai 1594.

Ici finit le règne des abbés commendataires et l'élection reprend son cours; non l'élection dans toute la pureté des temps primitifs, ce serait une grave erreur que de le supposer, mais l'élection mêlée d'intrigues, accompagnée de cabales, et telle que déjà elle se produisait, il faut le dire, pendant la période qui précéda la Commande (1).

---

(1) Cette cessation des abbés commendataires et le retour aux abbés élus sont assez difficiles à expliquer; du moins, après des recherches attentives, n'avons-nous rencontré aucun acte patent de l'autorité royale qui motive cette dérogation au droit du Souverain établi par le concordat de François Ier. Cette concession, car c'en fut une très-importante, trouverait-elle son motif dans le rétablissement de la Règle, dans la réforme qui s'opéra pour un grand nombre de couvents au commencement du dix-septième siècle? Mais alors Pontigny, qui adopta la *commune observance*, ou qui, en d'autres termes, ne se réforma point, aurait, sans qu'il lui en coutât beaucoup, recueilli cette faveur? D'ailleurs, la Commande cesse avant l'introduction de la réforme.

Au surplus, la concession dont nous parlons ne fut pas entière. Il y eut une sorte de moyen terme entre la liberté primitive d'élire et celle qui prévalut. — Ainsi, les élections eurent lieu seulement après que la Communauté en avait préalablement obtenu l'*agrément de Sa Majesté*. Et plus tard, le Roi, nous en avons trouvé des preuves, était même représenté au mo-

Une grande perturbation dans l'administration des biens, dans les recettes, dans les dépenses, résulta de la possession par les abbés commendataires. Il faut voir combien la part de ces abbés fut large, illimitée; et celle des simples religieux, mesquine et à peine suffisante, pour juger de la différence des mœurs. Le budget de Pontigny est, à ce titre, une étude assez curieuse pour que nous nous y arrêtions, après avoir donné place cependant à quelques faits graves qui se produisirent au milieu des guerres religieuses, faits qui, par l'ordre des dates, appartiennent à la période des abbés commendataires.

ment de l'élection par un commissaire à ce délégué. C'est en cette qualité, entre autres exemples, que M. Bignon, intendant de la Généralité de Paris, assista à celle de Dom Calvairac comme abbé de Pontigny, en 1719. L'abbé de Cîteaux présidait l'assemblée. Ainsi, ces nouvelles formes démontrent que, si les abbés commendataires cessèrent, du moins le droit d'élection se trouva modifié et n'eut plus son caractère primitif, qu'il fut censé s'exercer sous la surveillance de l'autorité royale. Nous disons *censé*, car l'absence de cette surveillance n'est que trop réelle pendant tout le cours du dix-septième siècle. — Autre bizarrerie : l'autorité royale, après avoir rendu le droit d'élection avec les modifications que nous venons d'indiquer, rétablissait la Commande quand bon lui semblait. C'est ainsi que nous voyons Louis XIV introduire les abbés commendataires dans les abbayes de Rivet et de l'Estrée, Maisons de la filiation de Pontigny. D'où il faudrait conclure que, si le principe né du concordat de François Ier a pu sommeiller ou être modifié dans son application, la Couronne ne cessa pas de le considérer pourtant comme l'un des priviléges qui lui étaient acquis.

XIX.

Les Huguenots, dont l'intolérance ne le cédait point à celle des Catholiques, et qui, dans les luttes de la fin du seizième siècle, étaient animés d'un fanatisme qui ne fut jamais surpassé par nulle secte religieuse dans aucun temps, avaient particulièrement en haine les objets visibles du culte, tout ce qu'honorait et révérait le catholicisme. Les ornements, les tableaux, les reliques étaient pour eux autant de signes, de symboles dont la vue les irritait, dont l'anéantissement plaisait à leur animadversion.

Envahir les monastères, pénétrer dans les couvents, y porter la mort, la spoliation, le feu, c'était œuvre pie. L'abbaye de Pontigny occupait un rang qui ne permettait pas de l'oublier. Un détachement de huguenots, partant d'Auxerre (février 1568), se dirigea sur Pontigny. Devinant le but de cette bonne visite, les moines avaient fui, après avoir eu la précaution de placer la châsse de saint Edme dans un caveau. Ils réunirent en outre les vases sacrés, les reliques les plus précieuses (*les joyaulx et reliquiers*), dans un petit coffre qu'ils confièrent au procureur fiscal de la vicomté de Saint-Florentin, laquelle appartenait au prince de Condé (Henri Ier) et à Marie de Clèves, sa femme. L'abbé, en adoptant cette mesure, s'en remettait entièrement à la loyauté et prudhomie du procureur fiscal. Nous verrons bientôt ce qu'il advint du dépôt.

Si les huguenots avaient trouvé le monastère vide de religieux, tout du moins n'avait pu disparaître avec eux. Les hérétiques pénétrèrent dans les appartements et les dévastèrent. Entrés dans l'église, ils se mirent à chercher la châsse de saint Edme. Plus était grande la vénération qu'elle inspirait, plus aussi devait-elle exciter leur convoitise. Les restes du saint archevêque de Cantorbéry ayant été soustraits à leur violence, ce mécompte excita leur colère. A titre de dédommagement, ils brisèrent les colonnes en cuivre destinées à soutenir sa châsse; ils firent voler en éclats le tombeau de la Reine Adèle; celui du premier abbé de Pontigny, Hugues de Macon, fut également détruit. Enfin les huguenots mirent le feu à l'église, et l'incendie gagna les bâtiments attenants. Restait l'orgie, scène obligée dans ces sortes de drames et de facile exécution, car les moines n'avaient pas eu le temps de vider les caves.

La parodie des cérémonies du culte catholique étant encore un des divertissements privilégiés des huguenots, ils s'affublèrent des chasubles, des chapes laissées dans une sacristie et, ainsi travestis, ils rentrèrent triomphalement à Auxerre.

L'année suivante, nouvelle visite des protestants. Un détachement de l'armée du prince de Condé fondit sur le monastère, espérant sans doute qu'il restait encore quelque chose à prendre. Mais la moisson était faite et bien faite. Ils se contentèrent de mettre le feu une seconde fois, soin assez inutile pourtant, car ce qu'il était possible de détruire par l'incendie avait disparu en 1568; rien n'ayant pu être réparé, on le comprend, dans un si court intervalle.

Le calme à peine rétabli, toute la sollicitude des religieux devait se porter vers le précieux dépôt confié, dans des jours de détresse, au sieur Duguet, procureur fiscal de la vicomté de Saint-Florentin. Mais leur juste réclamation fut éludée avec une rare déloyauté. Marie de Clèves s'appropria les richesses contenues dans le coffre remis à la garde de Duguet. Pour consommer ce larcin, il n'en coûta que la rédaction d'un procès-verbal dans lequel on allégua que des maçons avaient trouvé, *naturellement*, le merveilleux coffre enfoui chez le procureur de la princesse. Vainement le Cardinal abbé, Hippolyte d'Est', intervint pour demander la restitution du dépôt; tout fut inutile (1).

(1) Tout en plaignant très-sincèrement les religieux de Pontigny de leur mésaventure, il serait difficile de ne pas admirer quelque peu la bonhomie

Dans ces tristes conjonctures il semble que tout doit tourner contre les moines. Ils revendiquent les colonnes en cuivre, la tombe en bronze de la châsse de saint Edme et le plomb enlevé à leur église, objets recélés à Auxerre par un individu qu'ils désignent; ils ne peuvent obtenir satisfaction. Par bonheur, au milieu de ces spoliations, de tant de désastres, un trésor inestimable était resté en possession de l'abbaye; le corps de saint Edme, trésor pour elle, non pas seulement comme relique méritant la pieuse affection des religieux, mais parce qu'il devait continuer à leur concilier l'intérêt des fidèles, leur concours, leurs déférences et leurs offrandes.

Les dévastations, commises dans l'église par les protestants, ne permettant plus d'y célébrer l'office, il fallut recourir à celle primitivement construite, qu'on nommait la chapelle de saint Thomas l'apôtre (1).

Ce retour forcé à l'oratoire contemporain de l'établissement de l'abbaye n'était-il pas une sorte d'enseignement ? En rentrant

---

dont ils firent preuve dans cette conjoncture. Les moines, redoutant d'être dérobés par un détachement de l'armée des huguenots, imaginent de confier leur trésor, à qui ? Précisément à l'agent de Marie de Clèves, princesse élevée dans la religion calviniste, car son abjuration n'eut lieu qu'en octobre 1572; femme de Henry Ier, prince de Condé, lui qui, à peine âgé de seize ans, courait se ranger sous les drapeaux de Coligny, pour y combattre avec une ardeur remarquable. En vérité, cette *belle* Marie de Clèves, morte à vingt-trois ans, objet de l'adoration et des regrets fastueux de Henri III, est tant soit peu excusable d'avoir gardé les *joyaulx* des moines de Pontigny.

(1) Elle servit pendant quarante-six ans, car ce n'est qu'après ce laps de temps écoulé que l'église fut réparée.

dans le temple modeste, où les fondateurs du monastère n'adressaient à Dieu que d'humbles et ferventes prières, les religieux eussent dû s'inspirer de la Règle austère qui animait les pieux cénobites, leurs devanciers. Mais ces pensées ne les pénétraient pas ; la simplicité, la foi primitive s'étaient perdues et l'institution continua de s'altérer ; elle subit invariablement sa destinée, marchant vers sa ruine et préparant ainsi son anéantissement.

Les cloîtres devenus inhabitables, on s'adressa au Cardinal abbé, Hippolyte d'Est, qui autorisa l'emploi des fonds nécessaires pour exécuter des travaux indispensables. C'est par suite de cette détermination que nous voyons, dans les clauses d'un bail passé en 1570, qu'il sera payé 1,200 livres pour être employées « *aux ruines faites par les huguenots.* »

Malgré tant d'épreuves, et sans s'arrêter aux conséquences qui pouvaient en résulter, Pontigny embrassa la cause de la Ligue. Les événements qui suivirent coïncident avec la vacance du siége abbatial (1). Dom Edme de La Croix, abbé de Citeaux, délégua, le 16 septembre 1591, M. Duguet, grenetier à Saint-Florentin, pour gérer le temporel de l'abbaye, protéger ses biens et prévenir, autant que possible, les désordres et les spoliations dont les ennemis de la *Sainte* Ligue menaçaient le monastère.

(1) Il était vacant en ce sens que, par suite des obstacles suscités par les moines à Charles de Boucherat, d'abord nommé titulaire par Henri III, cet abbé ne put prendre possession, et qu'il dut, comme nous l'avons fait remarquer, se démettre, puis être élu par eux, ce qui n'eut lieu en effet qu'en 1593, année où il obtint ses bulles.

XX.

Arrêtons-nous quelques instants, comme nous nous le sommes promis, sur l'administration des abbés commendataires. Voyons quel était l'emploi des revenus de Pontigny à la fin du seizième siècle, et à quel point les abus, les dilapidations, régnaient à cette époque. Nous terminerons cet examen par une espèce de budget qui nous permettra de pénétrer dans les moindres dépenses, et de juger de la part splendide que continuèrent à s'attribuer les abbés même après que les Cardinaux eurent disparu de la scène.

En suivant l'ordre des dates, un premier fait nous est révélé : c'est qu'en 1574 le Cardinal Louis d'Est obtenait un jugement contre des parents du Cardinal de Bellay qui, en leur qualité d'héritiers, s'étaient indûment approprié une partie des revenus de l'abbaye. Et ces héritiers étaient d'assez grands seigneurs, Louis du Bellay, Arthur de Maillé, gentilhomme de la chambre du Roi et capitaine de ses gardes. Mais voici mieux encore. Anne d'Est, duchesse de Genevois, mère du marquis de Saint-Sorlin, qui avait obtenu de Henry III l'abbaye de Pontigny, voulant reconnaître les bons services d'un sieur Puissant, ancien précepteur de son fils, lui accorda, par un brevet du Ier mai 1595, une pension de 1,000 livres à prendre sur celle de 6,000 que Henri III avait donnée au marquis sur l'abbaye, après qu'il eut abandonné le titre d'abbé à Claude de Boucherat. Cependant la duchesse trouva apparemment que ce n'était pas encore assez, et, dès le lendemain 2 mai, par un second brevet, elle alloue au même précepteur 1,800 écus au Soleil, à prendre sur les revenus arriérés du monastère depuis la mort du Cardinal Louis d'Est. Mais l'abbé Claude de Boucherat ne payant pas, le porteur des deux brevets le fit assigner, en 1604, afin d'avoir à lui compter : 1º les 9,000 livres qui lui étaient dues pour neuf années écoulées ; 2º les 1,800 écus. L'affaire fut portée aux requêtes du palais où l'abbé fit défaut.

Arrivons à un dernier incident du même genre, mais qui offre des particularités bouffonnes. Les circonstances, d'ailleurs, qui accompagnèrent la procédure, nous ont révélé un fait assez curieux, que l'auteur de l'*Histoire de l'abbaye de Pontigny* a ignoré ou laissé dans l'ombre par un sentiment de ménagement extrême. Il

paraît qu'à Pontigny, et ailleurs sans doute, on choisissait parfois pour abbés des enfants. Roger de Choiseul, noble fils de messire Charles de Choiseul, gouverneur de Champagne et autres lieux, avait obtenu des bontés du Roi, en 1613, un brevet pour faire créer à son profit, par le Pape (admirez le ricochet), une pension de 1,800 livres sur cette excellente et vraiment inépuisable abbaye de Pontigny. Tout marchait au gré des vœux du jeune courtisan; Sa Sainteté avait ratifié l'acte de munificence royale. Mais restait pourtant la difficulté de faire payer ces étranges pensions. Le procès s'engagea sur le refus, formulé au nom de l'abbé *Charles de Boucherat*, d'acquitter la pension. Alors une sentence du bailli de Sens, en 1618, ordonna la saisie des biens du monastère; ce qui eut lieu. Le procureur de la maison, Claude de Bernoul, protesta. Les significations et les actes de procédure se multipliaient sans interruption, lorsqu'enfin les moines, dans leur défense, déclarèrent nettement que leur abbé n'avait pu consentir la pension réclamée : « Car, disaient-ils, il est en bas âge et
» mineur, âgé de quatorze ans, et même il lui est défendu de
» régir le *spirituel* et le *temporel* de l'abbaye, jusqu'à ce qu'il ait
« atteint sa majorité; que, si le sieur Jacques de Boucherat, père
» du jeune abbé, avait consenti cette pension, il pouvait la payer
» sur son propre bien et non au détriment des revenus de
» l'abbaye, qui n'était pas en état de supporter de telles
» charges. »

Pour cette fois, les religieux ne se découragèrent pas et appelèrent comme d'abus au Parlement. C'était le cas assurément ou jamais. Roger de Choiseul, de son côté, crut devoir se hâter de constituer des mandataires pour consentir l'extinction de sa pension. Cet abbé mineur, que nous venons de mettre en scène, était précisément Charles de Boucherat, neveu du précédent abbé du même nom (Claude de Boucherat); et il avait été élu dès 1613, c'est-à-dire immédiatement après la mort de son oncle. D'où il résulte qu'au moment où les moines le choisirent pour occuper le siége abbatial, on trouve, en rapprochant les dates, qu'il venait d'atteindre tout juste sa neuvième année!

Nous verrons tout à l'heure à combien, en 1637, revenait par an, tout compris, un moine de Pontigny à ce même abbé, Charles de Boucherat, que la mitre avait couronné presqu'au sortir du berceau. Prélat de grande mine, du reste; fort avant dans les bonnes grâces du Cardinal de Richelieu, bien en Cour et vivant à Paris beaucoup plus qu'à Pontigny. Poli, lettré, presque savant, prédicateur élégant et disert; ne craignant point de se mêler aux intérêts du monde, recherchant, aimant de passion la bonne compagnie, il était le très-bien venu dans les salons où son esprit, quelque peu maniéré, répondait parfaitement aux formes en vogue alors parmi la haute société.

L'existence d'un abbé vivant à la Cour, y passant le meilleur de son temps, était coûteuse, et il fallait, pour qu'elle fût possible, économiser sur les dépenses de la maison de Pontigny. Voici un extrait du règlement qu'il fit à cette fin, le 4 juillet 1637, et qui spécifie tout ce que devra fournir chaque année son receveur, pour les besoins de la Communauté, tant en argent, blé, vin, etc. Nous citerons textuellement.

« Pour la pitance de treize religieux, à raison de 55 livres pour chacun, ce qui fait la somme de 715 livres. — Plus, pour leur vestiaire, à 30 livres pour chacun, 390 livres. — Pour l'infirmerie, gages de médecin, chirurgien et apothicaire, par an, 100 livres. » Les précédents articles font ensemble 1,205. Certes, il était difficile d'en être quitte à meilleur marché, même avec l'addition d'une certaine quantité de blé et de vin délivrée aux moines et que nous trouverons énoncée en continuant cette revue.

« Les frais de voyage du procureur du monastère sont fixés à 150 livres; les gages de l'avocat et conseil ordinaire ne doivent pas excéder 75 livres. — Passons aux serviteurs de la maison. Pour la pitance de dix valets à raison de 30 sous par jour pour les dix, ce qui donne par an 547 livres 10 sous. — Pour les gages de ces mêmes domestiques, à 36 livres par an chacun, 360 livres (1). Pour l'entretien des bâtiments des lieux séculiers, 100

---

(1) Cette parcimonie de Charles de Boucherat avait déjà été, en 1634, l'objet des plaintes de dom Bariban, qui, procureur de la Communauté, et chargé de dresser l'état des dépenses, selon les prescriptions de l'abbé, s'écriait, après avoir posé le chiffre de 1,300 livres : « Je vous laisse à » penser si cette somme suffit pour l'entretien, nourriture et gages de douze » religieux, six jeunes et convers, et de neuf domestiques! » A la suite de cette exclamation, assurément bien permise, vient le récit lamentable des duretés d'un sieur Martin, receveur de l'abbé, envers les religieux. Si l'on en croit D. Bariban, il n'est sorte de difficultés, de chicanes auxquelles n'eût recours cet homme pour se soustraire au paiement des sommes, déjà si modiques, fixées pour subvenir à la nourriture et à l'entretien des moines. Il énumère une foule d'arrêts rendus à cette occasion contre le malencontreux receveur. Si on l'en croit, les frais faits pour les obtenir s'élevaient à plus de cinquante mille livres. Ce triste tableau d'une administration empreinte de désordres et d'abus criants se termine par l'énoncé des dettes non acquittées pendant la gestion de Martin, et dont le total n'était pas moindre de 23,310 livres.

livres. Rien n'est oublié. Enfin, pour la façon du bois de chauffage et celle du paisseau (échalas) nécessaire pour les vignes, 100 livres. Le tout s'élève à 2,537 livres 10 sous. »

Voici maintenant les délivrances qui devaient être faites en nature. « Il sera remis aussi par an 646 bichets de froment ainsi répartis : pour chacun des sept prêtres, 18 bichets, ce qui donne 126 bichets. — Pour chacun des six autres religieux non prêtres, 13 bichets : ensemble 78 bichets. — Pour les aumônes générales et particulières, 77 bichets ; et enfin pour tous les domestiques, 365 bichets. »

Le bichet de froment, dans l'état que nous avons sous les yeux, était estimé 40 sous, ce qui pour les 646 formait par conséquent la somme de 1,292 livres.

La quantité de vin que devait délivrer le receveur s'élevait à 58 muids 1/2. Il en était attribué 3 à chacun des sept prêtres ; à chacun des six autres religieux, 3 feuillettes (la moitié de la part faite aux religieux prêtres). Quant aux domestiques, ils ne recevaient pas de vin. — Pour le logis abbatial, il en est réservé 27 muids. Ainsi, à trois muids près, l'abbé et son entourage en consommaient autant que toute la Communauté. La sacristie est également rationnée et sa part est fixée à 3 feuillettes ou 1 muid 1/2.

Le règlement que nous parcourons fait ressortir la valeur du muid à 20 livres. Ainsi les 58 muids 1/2 consommés représentaient donc la somme de 1,170 francs.

Les cinq chevaux nécessaires pour les charrois et les voyages ne sont pas oubliés; et pour eux et ceux des étrangers reçus dans la maison, 400 bichets d'avoine sont accordés. Le bichet d'avoine est estimé 10 sous, ce qui fait ressortir les 400 pour une valeur de 200 livres. — Il doit, en outre, être fourni pour les chevaux 6,000 bottes de foin dont le prix, étant porté à 50 livres pour chaque millier, donne une dernière somme de 300 francs.

Si nous récapitulons les chiffres que nous venons successivement de poser, les dépenses s'élevaient à. . . 5,499ˡ 10ˢ

Et en y joignant le montant des sommes à acquitter se composant : 1º du paiement des décimes montant à 800 livres; 2º du service des rentes constituées s'élevant à 1,800 livres, ensemble . . . . 2,600 »

Nous voyons que les dépenses totales étaient par conséquent de 8,099ˡ 10ˢ

Le revenu annuel, à cette époque, montait à 15,000 livres; il restait dès lors une somme libre de 6,900 livres 10ˢ, sans compter le produit des bois, des étangs, l'excédant des grains, du vin, etc., après les prélèvements opérés qui figurent sur l'état que nous venons de parcourir; ressources qui eussent pu être affectées d'autant à amortir le principal des dettes. Mais, liquider le passif était le moindre des soucis du titulaire (1).

---

(1) L'abbé Boucherat était, au surplus, entouré de serviteurs qui eussent pu servir de modèles à ces valets fripons que Molière et Regnard mirent

Ce budget de l'abbaye ne montre pas seulement combien, dans sa suprême autorité, l'abbé pouvait rendre chétive la condition des religieux ses frères; mais, sous un autre point de vue, en faisant connaître la valeur de certaines denrées, de plusieurs produits, il y a deux siècles, il provoque, il amène des rapprochements utiles entre les prix de cette époque et ceux actuels. Comparons ces prix.

Le bichet de blé, ancienne mesure (dite de Ligny) et pesant 90 livres, équivaut à 58 litres. Il valait, en 1637, 40 sous; aujourd'hui, son prix moyen ne serait pas moindre de 10 francs. Le muid de vin ou deux feuillettes de Paris, suivant l'ordonnance de Henri II, représente une contenance de trois hectolitres. Ce muid, qui est estimé 20 francs, coûterait actuellement sur place de 50 à 60 francs, en supposant une qualité de vin ordinaire, dont la vente s'effectuerait après un an de récolte.

plus tard sur la scène. Dans un dossier de procédure de l'abbaye, nous voyons qu'un nommé Claude Baudry, de valet de chambre devenu maître d'hôtel de l'abbé, avait acquis une telle autorité, qu'il régnait dans le monastère avec une insolence et un despotisme si insupportables, qu'il fallut pourtant que l'abbé prît le parti de le congédier. « M. de Boucherat, est-il dit dans la pièce où ces faits sont rapportés, se trouvait à Paris, *jour de la Trinité* 1630, lorsqu'il renvoya son maître d'hôtel. » Ce drôle, feignant de se soumettre et d'accepter son congé, prend aussitôt la poste, court à Pontigny et persuade qu'il a mission de venir chercher des papiers que l'abbé avait oubliés. A l'aide de ce subterfuge, il put soustraire une foule de lettres, de pièces importantes, et beaucoup de linge dont il remplit plusieurs malles, qu'il enleva la nuit suivante. Ce ne fut qu'après mille efforts, et un procès fort long, que l'abbaye put rentrer en possession des objets précieux enlevés par cet audacieux valet.

On voit donc que l'accroissement de valeur qu'a subi le vin, depuis deux siècles, n'a pas suivi la progression éprouvée par le blé. Une première cause peut expliquer cette différence. D'abord relativement, il est permis d'affirmer que l'étendue du sol planté en vignes en 1637, comparée avec le chiffre de la population existant alors, se trouvait dans un rapport moindre avec le nombre des habitants du royaume; ou, en d'autres termes, que la culture de la vigne, dans son extension peut-être exagérée, a dépassé, dans ses progrès, l'accroissement survenu dans la masse des consommateurs depuis deux siècles. Mais, en outre, il est surtout notoire qu'en 1637 la vigne n'occupait guère que les coteaux et que, généralement encore, les plants fins dominaient alors, tandis que depuis, et dans ces derniers temps plus spécialement, la vigne en gros plant a envahi les plaines. Ces deux circonstances modifient bien un peu les faits apparents et autoriseraient à penser qu'en définitive l'augmentation survenue dans le prix des vins, depuis deux siècles, a dû être atténuée sans qu'on puisse en conclure qu'elle n'aurait pas suivi en réalité la progression inhérente aux autres produits du sol.

Mais si nous comparons la valeur attribuée au bichet d'avoine, porté dans l'état des dépenses de Pontigny, avec sa valeur actuelle relevée sur une moyenne de cinq ans, par exemple, nous trouvons que ce bichet, estimé 10 sous, coûterait aujourd'hui huit ou neuf fois autant; différence sensible et bien plus considérable que celle que nous avons établie par des chiffres à l'égard du froment. Les causes de cette plus value, du reste, sont frappantes; des transports multipliés, une circulation active, incessante sur presque tous les points du territoire, qui n'existaient pas, ne pouvaient pas et ne devaient point se manifester il y a deux siècles. De là, aussi, un accroissement très-considérable dans le nombre des chevaux que possède la France.

Pour avoir une signification absolue, complète, les rapprochements qui précèdent exigent qu'on prenne en considération d'autres éléments de statistique. D'une part, il faut tenir compte de la valeur du marc d'argent; ensuite, de l'accroissement survenu dans la masse du numéraire en circulation aux deux époques. Le taux des salaires mérite également d'arrêter l'attention (1). En ne négligeant aucune de ces données, on peut, du moins nous le pensons, arriver à cette conclusion que celui, par exemple, qui vendait 2 francs un bichet de blé, en 1637, du poids de 58 litres, recevait une valeur un peu moindre que celui qui, à notre époque, livrant la même quantité, obtient en échange la somme de 10 francs. Ce résultat est fondé en raison; car le taux de la main d'œuvre, il faut l'avouer et peut-être s'en affliger dans l'intérêt des prolétaires, n'a pas précisément suivi la même progression; d'un autre

---

(1) Selon l'évaluation d'un homme dont l'autorité est grave (M. Blanqui, qui a bien voulu nous faire connaître sa pensée) la masse du numéraire, circulant vers la fin du règne de Louis XIII, pouvait s'élever déjà à 900 millions, tandis qu'aujourd'hui elle monterait à environ 3 milliards 200 millions. Si nous consultons le savant ouvrage de M. A. Monteil, *Histoire des Français des divers états, etc.*, nous voyons que, vers le milieu du dix-septième siècle, les salaires étaient cotés ainsi : la journée d'un terrassier se payait de 10 à 12 sous. — Celle d'un maçon, 12 sous. — *Idem* d'un charpentier, 12 à 15 sous. — *Idem* d'un moissonneur, 10 sous. — *Idem* d'un vendangeur, 4 sous. Aucun de ces ouvriers n'était nourri.

côté, les perfectionnements industriels ont eu pour conséquence d'abaisser les prix d'une foule d'objets manufacturés. Ils se sont multipliés en devenant accessibles aux consommateurs. Or, si ces faits ne sont pas contestables, il est également vrai que, quelque influence qu'on puisse accorder aux améliorations en agriculture, les produits du sol, sous le rapport des céréales, pour ne citer qu'un exemple, demeurent nécessairement renfermés dans de certaines limites infranchissables. En présence de l'augmentation continue de la population, ces produits doivent dès lors conserver, les faits le prouvent, une valeur indépendante des causes qui multiplient presque indéfiniment, et à des prix toujours de plus en plus restreints, les objets qu'il est permis à l'industrie manufacturière de créer.

XXI.

Déjà quarante-six ans s'étaient écoulés sans que l'église, dévastée par les protestants, eût été rétablie, lorsque l'abbé Charles de Boucherat la fit restaurer. Ces réparations considérables, qui auraient même exigé, conçues sur un plan plus vaste, certaines reconstructions, se continuèrent pendant plusieurs années et ne furent terminées qu'en 1630. A la toiture en plomb, détruite en 1568, on substitua celle en tuile qui existe aujourd'hui. Dans la restauration de l'édifice, l'auteur de l'histoire de l'abbaye de Pontigny a compris la reconstruction des voûtes. Un examen des lieux et l'opinion de personnes compétentes ne nous permettent point d'admettre cette assertion. Nous convenons que la destruction a été poussée fort loin, lors de l'invasion du monastère par les protestants; mais nous ne croyons pas que les voûtes de l'église se soient écroulées. Si l'on visite les combles, si l'on étudie les différentes parties de l'édifice, on trouve une harmonie parfaite entre elles; les arceaux, les arêtes, tout appartient à un système uniforme d'architecture; sur aucun point il n'est possible d'apercevoir les moindres dissemblances. Or, un travail, qui aurait embrassé la reconstruction des voûtes, ne se serait pas accompli sans laisser des traces, sans accuser en quelques points cette réédification elle-même. L'art de reproduire, d'imiter avec une certaine vraisemblance un type spécial d'architecture, est complétement moderne; il ne date, pour ainsi dire, que d'hier. Au commencement du dix-septième siècle, il était tout à fait inconnu. A l'appui de nos remarques, et comme conséquence de notre dernière opinion, nous ajouterons que les édifices religieux, dont l'achèvement a réclamé un laps de temps considérable, sont formés de divers styles : ils sont l'histoire des modifications que l'art a subies pendant le cours des âges. On ne voit rien de semblable à Pontigny. Le caractère de l'édifice est d'une unité si singulièrement frappante, qu'il exclut l'hypothèse d'une reconstruction entière dans l'une de ses parties les plus importantes.

Qu'est-il nécessaire que l'abbé Charles de Boucherat ait refait les voûtes pour croire que les travaux de construction exigèrent de fortes dépenses; pour comprendre, enfin, qu'avec ses habitudes de prodigalité, il ait été forcé d'emprunter beaucoup, de vendre divers immeubles, d'aliéner plusieurs droits, entre autres celui assez bizarre que possédait l'abbaye et qui consistait à recevoir, sur le port de Dieppe, appartenant à l'archevêque de Rouen, dix mille harengs chaque année? On l'avoue, la situation financière de Pontigny était déplorable en 1650, puisqu'on devait, malgré les aliénations faites, près de 74,000 livres et que les bâtiments tombaient en ruines. Le désordre était même parvenu à un tel point que le Roi intervint et confia au bailli de Saint-Florentin la gérance temporaire des biens et des revenus de la Maison, en le chargeant de constater le montant des réparations à exécuter. Cet examen prouva que, pour remettre en état les bâtiments, il ne fallait pas moins de quatre-vingt-huit mille livres.

Glissons sur des faits de peu d'intérêt pour le lecteur. Deux élections d'abbés ne se consomment qu'à travers mille intrigues et d'incroyables cabales. L'un des concurrents poussa son opposition au delà de toutes limites et il ne fallut pas moins qu'un arrêt du Parlement pour lui imposer silence (1).

---

(1) Cet opposant, homme remuant, passé maître en intrigues, s'appelait Dom Legrand. Il paraît qu'il n'était pas facile à décourager; car il combattit l'élection d'un troisième abbé. Il avait même obtenu un bref du Pape afin que l'archevêque de Sens et l'évêque d'Auxerre eussent à vérifier les circonstances qui avaient accompagné l'élection qu'il attaquait. Cependant le Roi intervint pour que l'examen ne se fît pas. Cette fois D. Legrand fut encore condamné par arrêt du Parlement. Mais il dut s'en consoler et trouver même que cette guerre de partisans avait son prix, puisqu'il obtint, à titre de composition, une pension de 2,000 livres avec laquelle il put aller vivre fort doucement dans l'abbaye de Vauluisant.

Ce relâchement universel, toutes ces passions mondaines se donnant un libre cours, cette absence de discipline intérieure, le complet désordre introduit dans la plupart des monastères, avaient pourtant éveillé la sollicitude alarmée de quelques Prélats. Le Cardinal de La Rochefoucauld appelait de toutes ses forces, vers 1615, une réforme devenue si nécessaire. Il fallut plus de cinquante ans de plaintes, de conférences, de dissentiments dans l'Ordre de Citeaux, pour qu'intervînt, en 1666, un bref d'Alexandre VII ayant pour but de tout concilier. Cet acte, dépourvu de rigidité, avait le caractère d'une sorte de compromis; il permettait de mieux faire à ceux qui s'en sentiraient le courage; il souffrait que d'autres, animés d'un zèle moindre, continuassent à vivre doucement sans reprendre les habitudes austères des premiers temps. La réforme, proposée par Alexandre VII, fut facilement acceptée. Grâce à elle, il fut permis à la plupart des couvents de refuser l'abstinence de la viande : c'est ce qu'on appela la *commune observance*. D'autres monastères se soumirent à l'abstinence; on les nomma *réformés*. Les Maisons de la Trappe et *Sept-fonds* embrassèrent cette règle et pratiquèrent ce qu'elle avait de plus sévère dans son origine. Quant à Pontigny, il adopta, sans qu'il soit presque besoin de le rappeler, la commune observance, ou, en d'autres termes, il ne se réforma en aucune façon.

XXII.

    Parvenu à cet âge où les institutions, de même que les hommes, subissent l'influence du temps, Pontigny est déjà frappé de cette caducité, avant-courrière de leur fin. Encore un siècle, court espace dans la vie des Ordres monastiques, dont l'origine remontait si haut, et tous auront disparu. Avant de raconter les faits qui précédèrent l'heure suprême de l'abbaye, il nous reste à décrire les constructions, les embellissements, les travaux qui furent comme les derniers signes de sa puissance et dont quelques-uns, dans l'intérêt de l'art, lui ont heureusement survécu.

Le chœur de l'église, qui est de la fin du dix-septième siècle, est on ne peut plus remarquable. Il occupe les deux dernières travées de la nef rapprochées du transsept; un mur l'entoure. A son entrée, il est fermé par un portique orné dans le style de la Renaissance, au milieu duquel se trouve une porte sculptée à jour. De chaque côté, est un autel à la grecque. L'un, à gauche, dédié à saint Bernard; l'autre, à droite, dit de l'Assomption. Deux tableaux d'Adrien Sauveur, de Liége, surmontent ces autels; ils sont médiocres. Le peintre a représenté l'abbé de Clairvaux ressuscitant un mort. Mais l'action de saint Bernard se devine bien plutôt qu'elle ne se révèle au spectateur. On cherche vainement la vive et sublime inspiration qui doit l'animer à l'instant où le plus grand des miracles va s'accomplir. Le mérite, attribué à ce tableau de reproduire les traits du prédicateur éminent du douzième siècle, n'est guère susceptible de discussion; on le conçoit facilement (1).

Hâtons-nous de pénétrer dans l'intérieur du chœur où se trouvent les stalles au nombre de cent. Ici, l'admiration a de quoi se prendre. Nulle part la sculpture, inspirée par le goût de la

---

(1) Comme correctif au doute que nous venons d'exprimer, nous devons avouer que la tête de l'abbé de Clairvaux, dans le tableau d'Adrien Sauveur, offre une grande ressemblance avec le portrait de saint Bernard placé en tête de la dernière édition de l'ouvrage de M. l'abbé Th. de Ratisbonne. Or, on sait que ce portrait, par M. Claudius Lavergne, a été fait d'après le frère Angélique de Fiesole.

Renaissance, ne produisit rien de plus parfait, de plus exquis. L'étendue de la surface, où ce merveilleux travail s'est accompli, ajoute encore à son prix. Les deux stalles en entrant, et qui étaient réservées à l'abbé et au prieur, ont été l'objet d'une sorte de prédilection de la part des artistes. Deux anges, aux formes gracieuses, pleines d'élégance, supportent une légère tenture dont les plis onduleux ont tout le caprice et le moëlleux de la soie. Un charmant pupitre, de forme cylindrique, est placé devant les deux stalles pour servir d'appui ou recevoir le livre de prières.

Des détails d'une délicatesse extrême ont été semés sur toutes les parties de cette vaste boiserie pleine de relief et d'éclat. Tout concourt à l'harmonie intelligente de cette œuvre. La prodigalité n'est jamais que la richesse, le luxe d'un ciseau fécond et suave. Ces têtes d'anges, qui dominent les stalles, sont d'un fini de miniature, d'un modelé irréprochable. Au bas des panneaux qui servent d'ados ou d'appui au premier rang des stalles, ont été jetées avec profusion des guirlandes de chêne, de lis, de laurier, de rosier et des branches de palmier (1).

Au-dessus du corps de stalles, on remarque quatre énormes toiles, peintes pour décorer la partie supérieure du chœur. Chacun de ces tableaux ne compte pas moins de vingt-quatre figures

---

(1) Ces feuilles, ces fleurs, ces guirlandes n'étaient pas un caprice d'artiste: chacune d'elles avait une signification, était un symbole admis dans les livres saints. Elles faisaient allusion à la force d'âme, à l'innocence nécessaire dans la vie religieuse, etc. Le palmier s'offrait comme l'emblème de la grandeur, de la gloire

grandes comme nature. Les sujets traités par l'artiste sont : *la Prédication dans le Désert; la Visitation de la Vierge ; la Piscine de Siloë et la Présentation au Temple.* Ces vastes compositions ont quelque valeur, au moins dans certaines de leurs parties, malgré leur raideur et leur sécheresse. La peinture, d'ailleurs, a été sensiblement altérée par des causes locales. Il est juste cependant de louer le coloris des femmes placées sur les premiers plans des toiles du *Saint-Jean dans le désert et de la Visitation.* Les formes sont riches, pleines de relief et les effets de lumière savamment entendus. En voyant ces jambes si parfaitement nues et si scrupuleusement étudiées sur de beaux modèles, on se dit que la Règle primitive n'avait pas tort de bannir les peintures de l'intérieur des églises de l'Ordre de Citeaux. L'esprit tentateur était là, bien certainement, caché sous ce pli à moitié soulevé qui recouvre le genou de la femme n'écoutant qu'à demi la prédication de Saint Jean.

Le chœur, dont nous avons essayé de décrire la noble et riche élégance, est dû à l'abbé de la Varande. Les stalles furent pour lui l'objet d'une prédilection marquée ; car déjà il les avait fait commencer lorsqu'il était prieur. D'autres travaux encore se rattachent à son administration. Son successeur, Oronce Finé de Brianville, eut le double mérite d'acquitter plus de quatre-vingt mille francs de dettes et d'achever plusieurs constructions commencées par l'abbé de la Varande.

Les orgues, placées à l'entrée de l'église, fixent l'attention, moins encore par la puissance et l'harmonie de leurs sons justement célèbres, qu'à cause du portique qui les supporte (1). Les pilastres, le fronton, les frises sont recouverts d'ornements symboliques, attributs de la musique. Toutes ces sculptures sont exécutées avec un soin qui témoigne d'une extrême patience et d'une habileté conduite par un goût pur. Elles acquièrent un plus grand prix, si l'on songe qu'elles sont dues, sans exception, au ciseau de l'un des abbés de Pontigny, Joseph Carron. Celui-là, du moins, aura laissé un souvenir qui permet d'inscrire son nom parmi ceux des artistes dont la main a créé ces belles sculptures d'autant plus vivement admirées, que le secret de les produire semble perdu pour nous (2).

En plein dix-huitième siècle, vers 1750, Dom Grillot ne craignait pas de faire disparaître l'ancien logis abbatial pour lui en substituer un plus vaste et surtout plus somptueux, en rapport avec ce désir de recherche élégante et commode, caractère distinctif des habitations déjà construites sous la Régence. Le nouveau palais des abbés s'éleva donc à grands frais. Ces deux ailes et surtout sa

---

(1) Le portique appartient aux premières années du dix-huitième siècle. Mais l'orgue actuel, qu'on admire avec raison, fut placé beaucoup plus tard, vers 1775, par les soins de l'abbé Chanlatte qui le fit venir de Châlons-sur-Marne, lorsque l'abbaye de Saint-Pierre de cette ville fut supprimée.

(2) Le successeur de Joseph Carron, l'abbé Calvairac, vers 1730, appela à Pontigny Dom Robinet, religieux de Châlis, et le chargea de mettre en ordre les titres de l'abbaye et de transcrire les plus importants. Ce moine intelligent et laborieux se livra sans relâche à ce travail pendant douze ans. Tous ces documents précieux sont aujourd'hui conservés à la mairie de Pontigny; ils forment quatre volumes dont le texte fut écrit par le dernier supérieur du monastère, l'abbé Depaquy. Nous les avons eus sous les yeux et consultés, au moment où nous nous sommes occupé de la rédaction de cette Notice.

principale façade lui donnaient l'aspect des châteaux bâtis par les grands seigneurs du règne de Louis XV. Ce n'était pas sans doute le beau temps de l'architecture : c'était celui des édifices lourds et massifs. Mais les lignes sont prolongées et les constructions, par leur développement, conservent encore quelque chose d'imposant et de correct dans leur froideur académique. Dix-sept fenêtres éclairaient la façade principale du palais des abbés de Pontigny. On y retrouvait les deux pavillons obligés, le centre du corps de logis les répétant en formant saillie. Malgré bien des défauts, c'était une noble et somptueuse demeure qu'animaient et rafraîchissaient des eaux jaillissantes. Séparée des cloîtres toujours un peu sombres, égayée par les feux mourants du jour à cause de son exposition au couchant, située au milieu d'une plaine fertile où le Serain, aux rives gracieusement ombragées, coulait calme et paisible, cette retraite était silencieuse, douce et fleurie, bien faite pour reposer les sens et faire naître la quiétude dans l'âme. Là, enfin, une hospitalité choisie, empressée, s'exerçait au grand contentement de ceux qui l'offraient et de ceux qui la recevaient.

L'abbé Grillot, pourtant, il faut le faut dire, au milieu de ces fantaisies un peu mondaines, n'oublia pas tout à fait saint Edme. En 1749, il avait fait placer le corps de ce pieux personnage au fond du sanctuaire, lieu qu'il n'a pas cessé d'occuper depuis (1).

(1) Le Saint archevêque de Cantorbéry est renfermé dans une châsse soutenue par quatre anges en bois, dont la pose est raide et l'expression exagérée. L'attitude menaçante donnée à ces quatre figures les rend presque ridicules. Probablement l'artiste a voulu montrer les anges prêts à défendre la châsse, le dépôt confié à leur garde. Mais leur air de matamores est de

PONTIGNY.

VUE D'UNE PARTIE DU SANCTUAIRE

Le grand autel en marbre rouge, de forme romaine, et qui subsiste encore, s'éleva également par ses soins.

fort mauvais goût. C'est le style maniéré, tourmenté du Bernin, moins ses qualités, l'énergie. Ces quatre figures appartiennent aux dernières années du dix-septième siècle et remontent à l'époque où Oronce Finé de Brianville occupait le siége abbatial.

XXIII.

'Le successeur que le destin, nous n'oserions dire la Providence, réservait à l'abbé Grillot, était précisément l'homme le mieux fait pour profiter des avantages du nouveau palais abbatial. Dom Nicolas Chanlatte, par son humeur et ses goûts, méritait d'être l'heureux possesseur de la demeure splendide, achevée peu d'années avant qu'il ne devînt le chef de la Communauté. Dom Chanlatte fut le brillant modèle de ces Prélats privilégiés, dont le luxe et les prodigalités éblouirent les contemporains sans les édifier. Dans notre récit, toujours impartial, nous n'avons dissimulé ni les vertus, ni la piété, ni le rare mérite, ni la salutaire influence dont firent preuve, pendant plusieurs siècles, les membres de l'Ordre de Citeaux. Pourquoi aurions-nous craint de montrer comment, à mesure que la Règle primitive s'effaçait, le bien devint plus rare, les abus se propagèrent et le désordre s'introduisit au sein des monastères ? Achevons cette tâche.

« Dom Chanlatte, dit M. Henry, venait d'être déposé de la
» priorature de la Noe pour sa mauvaise administration, lorsque
» le crédit de ses amis, son caractère doux et la crainte d'un
» joug nouveau (son prédécesseur, l'abbé Grillot, était minutieux
» dans le cloître, reprochant, blâmant sans cesse, etc.) jointe
» à l'espoir que sa disgrâce l'aurait corrigé, le firent élire le 4
» août 1764. Il était né à Paris, bachelier de la faculté de cette
» ville et religieux de l'abbaye de Pontigny. » Voilà l'avant-scène.

Le nouvel abbé ne tarda guère à se montrer ce qu'il était bien réellement, détestable administrateur et prodigue sans mesure. Son premier acte fut de vendre *l'immense quantité de grains et de vins*, laissés par son prédécesseur, et qui valaient au moins cent mille francs et devaient servir à l'acquittement des dettes s'élevant à pareille somme. Ce passif représentait une partie des dépenses qu'avait exigées la construction du palais abbatial. Blés et vins furent réalisés en argent, mais Dom Chanlatte se garda bien de payer les dettes contractées par l'abbé Grillot.

Ce n'était là, au surplus, que le prélude de dissipations bien autrement grandes. Car, en ce genre, il fut réellement prodigieux. Ses besoins d'argent étaient inextinguibles, et, pour s'en procurer, ses ressources aussi variées que déplorables. Qu'on en juge : il admettait tous les postulants imaginables sans s'enquérir de leur mérite, pourvu qu'ils versassent à l'avance de fortes pensions et dissipées aussitôt que payées. De là, l'impossibilité d'éloigner les sujets sans vocation. Les prieurs eux-mêmes des maisons dépendantes de Pontigny ne conservaient leur place que grâce à des subventions annuelles. On citait celui de Jouy, qui lui avait remis plus de cent mille francs en douze ans (1).

Sans admettre que la part contributive des prieurs des autres *filles* ou Maisons issues de Pontigny approchât de la subvention du prieur de Jouy, on arriverait encore à un chiffre énorme et qui, peut-être, s'éleva, sans rien exagérer, à plus de six cent mille francs pour les vingt-deux ans pendant lesquels Dom Chanlatte fut abbé de Pontigny (2) ! Nonobstant ces recettes énormes, indépendantes des revenus de l'abbaye qui, en moyenne,

(1) M. l'abbé Henry, *Histoire de l'abbaye de Pontigny*, page 227.
(2) Pontigny comptait encore, à l'époque où Dom Chanlatte fut abbé, trente Maisons sous sa juridiction immédiate. Ainsi, en portant à 600 mille francs les sommes qui lui auraient été payées par les prieurs, c'est supposer, en moyenne, que pour les vingt-deux ans cette contribution se serait élevée à un peu plus de dix-neuf mille livres pour chacun d'eux ou annuellement à environ 900 francs. Cette évaluation, cette supputation n'a rien d'exagéré, si surtout l'on se rappelle les 100 mille francs du prieur de Jouy versés en douze ans; et si l'on considère que, parmi les trente Maisons dépendantes immédiatement de Pontigny, il en était de fort riches, notamment l'abbaye de Châlis qui jouissait de 110 mille livres de rente, bien qu'elle n'eût plus que douze religieux en 1788.

atteignirent 60,000 francs annuellement (depuis 1764 jusqu'en 1786), l'abbé Chanlatte eut recours au Gouvernement afin d'être autorisé à couper les réserves (1). Il obtint, en outre, la permission de vendre les arbres de haute futaie qui existaient dans les ventes à exploiter. Cependant ces ressources *extraordinaires, complémentaires et supplémentaires*, multipliées, le laissant encore sans argent, il ne craignit point, en 1786, de solliciter une ordonnance royale pour pouvoir jeter bas ces mêmes réserves que déjà il avait coupées une première fois et qui n'étaient alors âgées que de dix-huit ans!

Cette fabuleuse gestion devait avoir un terme. Elle cessa à la demande insolite que nous venons de rappeler. Au mois de septembre (1786), on contraignit Dom Chanlatte d'abandonner toutes

---

(1) Assez généralement on pense, et cette erreur, M. l'abbé Henry l'a partagée, que les revenus de Pontigny montaient à 90,000 francs. Cela n'est pas exact. Mais la vérité est que l'abbaye, même en 1790, n'avait pas, y compris les réserves, plus de 74,500 francs de rente. Nous attachions beaucoup de prix à connaître quels pouvaient être les revenus du monastère pendant l'administration de Dom Chanlatte; et, après avoir compulsé et comparé plusieurs états de recettes depuis 1764 jusqu'en 1786, il nous a été clairement démontré que la moyenne du revenu ordinaire, régulier pour ces vingt-deux années, n'avait pu être supérieure à 60 mille livres. Moins nous étions disposés à ménager Dom Chanlatte et à taire ses énormes prodigalités, sa déplorable gestion, plus aussi il nous importait d'étudier à fond la situation financière de l'abbaye, et à pouvoir nous rendre un compte exact des recettes effectuées à diverses époques. — Ce qui a pu contribuer à tromper M. l'abbé Henry, à lui faire admettre le chiffre de 90 mille livres, c'est une note rédigée très-évidemment dans le but de faire ressortir un revenu qui permît de rendre plus favorable le règlement des pensions à accorder aux religieux après la suppression du monastère.

espèces de recettes à un agent qui fut désigné parmi ses confrères. On vendit les meubles et la vaisselle de la maison de Châlis, on emprunta 300 mille livres; et, pour sûreté de ce capital, il fallut engager les coupes de bois et les fermages de Crécy. Arrêté dans cette carrière de dissipations inouïes, l'abbé Chanlatte ne pouvait plus vivre; car on venait de faire, pour ainsi dire, violence à sa nature; il était comme étouffé par cette impossibilité radicale de toucher les revenus de l'abbaye. Tant de contrariétés abrégèrent ses jours. Frappé de paralysie, au mois d'avril 1787, il mourut le 13 juin 1788. Il reste à dire, pour achever le tableau, que le régime auquel on avait soumis Dom Chanlatte, depuis près de deux ans, violentait si fort ses habitudes, qu'il trouva encore le secret d'ajouter au total du passif constaté l'année précédente; et cela est si vrai, que, bien qu'on eût déjà liquidé beaucoup de dettes dans cet intervalle, il en laissa à sa mort pour quatre cent mille francs, juste cent mille francs de plus que celles vérifiées au mois de septembre 1786.

La plume tombe des mains; mais, en tombant, il faut qu'elle dise qu'en moins de vingt-quatre ans Dom Chanlatte dépensa personnellement au delà de DEUX MILLIONS DEUX CENT MILLE FRANCS!!! En vérité, c'est à se demander si cet abbé n'avait point été gratifié d'une révélation qui lui annonçait les décrets de l'Assemblée Constituante, confisquant, au profit de la Nation, les biens du clergé (1)!

(1) Parmi nos supputations diverses, pour arriver à l'énonciation de ce chiffre de 2 millions 2 cent mille livres, nous avons admis celle-ci : c'est que

Voyons, du moins, si Dom Chanlatte sut noblement dépenser, pendant les vingt-deux ans de son règne abbatial, ces sommes presque fantastiques. La vérité est que Dom Chanlatte vécut en grand seigneur. Il fut magnifique; sa table somptueuse et renommée; il eut de beaux attelages, un nombreux domestique, un équipage de chasse, une Cour. Il construisit une orangerie, des serres, un vaste chenil que les architectes de l'abbé Grillot avaient omis de comprendre dans leurs devis.

La représentation de Dom Chanlatte était digne et pleine d'élégance. Le palais abbatial devint le rendez-vous privilégié de la bonne compagnie, et la bonne compagnie n'admet pas qu'un sexe. L'ordonnance de ses fêtes ne laissait rien à souhaiter. Les invitations à Pontigny se sollicitaient longtemps à l'avance, et toujours elles étaient reçues avec bonheur. On était si royalement accueilli au logis abbatial! Les journées s'y écoulaient si douces, qu'on eût voulu y passer sa vie! Dom Chanlatte, on le conçoit, a laissé des regrets, d'ineffaçables, de tendres regrets. Et celles de ses contemporaines qui ont la mémoire du cœur lui ont gardé, nous osons le dire, un pieux souvenir. Il avait su comprendre qu'un homme de goût n'avait rien de mieux à faire dans sa position que de s'entourer d'une société intime; il en eut une, et les personnes qui la composaient étaient comme lui, on l'assure, pleines de grâces et d'amabilité. L'une d'elles, surtout, qui vivait encore

---

sur les 60 mille francs de revenus, il convenait d'en retrancher 15 mille et de les attribuer à l'acquittement annuel des charges et dépenses du monastère. Certes, c'est avoir fait la part large.

il y a quelques années, avait été remarquable par sa beauté, le charme de sa conversation et la distinction de ses manières. Elle se plaisait à revenir sur le passé; elle aimait à décrire les jolis jardins, les divins appartements du palais abbatial et même, élevant le souvenir jusqu'à la puissance de la réalité, à redire les airs de la *Belle Arsène*, de l'*Amant Jaloux*, de *Colinette à la Cour*, de l'*Épreuve Villageoise*, de *Zémire et Azor* : entre autres, l'air si justement célèbre : « *Du moment qu'on aime;* » et toutes ces mélodies gracieuses de Monsigny, de Grétry, qu'on répétait dans le grand salon de Pontigny. Elle rappelait avec une voix émue, une sensibilité vraie, la courtoisie de l'abbé, et ses prévenances, et son bon goût, et ses attentions délicates pour ses hôtes dont il devinait jusqu'aux moindres désirs.

Les dames, à leur arrivée, recevaient toujours un bouquet composé des fleurs les plus rares, cultivées dans les parterres qui existaient devant la principale façade du palais; et de petites pièces pleines de recherche leur étaient destinées : hasardez le mot boudoir et nous ne l'effacerons pas. Là, par une prévoyance intelligente, mille riens, accessoires de l'ameublement d'une femme, accusaient une sollicitude parfumée de grâce et de savoir-vivre.

L'excellent Dom Chanlatte, cet autre enfant prodigue, réfléchit bien, sur sa joyeuse et mondaine figure, toutes les nuances de ce damné dix-huitième siècle qui vit Dubois, Cardinal et Ministre, l'abbé de Bernis, ambassadeur à Rome, et l'abbé de Voisenon, de l'académie française. Pourquoi être plus sévère pour eux que ne le furent la pourpre et le fauteuil? Ils disaient tous comme le

Roi, leur maître : « après nous le déluge »; mais le déluge arriva. On ne les donne pas pour des modèles; que l'histoire ne les comprenne donc pas dans ses inimitiés. N'ont-ils pas été assez punis? Que leur esprit, que leurs écrits, surtout quelques-uns, honneur de notre littérature, nous rendent indulgents. Mon Dieu! S'ils eussent vécu de notre temps, ils seraient sans doute meilleurs, et même aussi graves, aussi *vertueux* que nous; mais qui peut dire, si nous eussions vécu de leur temps, que nous aurions eu leurs charmantes manières, leur exquis savoir-vivre, et que nous eussions tous écrit comme eux tant d'épîtres, tant de contes, tant de jolis vers, délices de tous les âges?

Dom Chanlatte se trouva mêlé à l'inhumation de Voltaire dans l'église de Scellières. Car cette abbaye dépendait de Pontigny et, à ce titre aussi, il était le supérieur du prieur Potherat de Corbierre (1). Dom Chanlatte, qui avait cette légère teinte de philosophie digne d'un Prélat grand seigneur de son temps, vivant d'abus, devait donc, pour se conformer aux idées de ce charmant et imprévoyant dix-huitième siècle, accorder sa tolérance et même ses sympathies à l'écrivain qui, par la puissance de son talent, attaquait avec le plus de succès ces mêmes abus. Telle était la logique intelligente du beau monde de 1778. Sans doute l'abbé de Pontigny avait ri du meilleur de son cœur des

---

(1) Scellières de *Sigelleriis*, fille de Jouy, du diocèse de Troyes, à deux lieues de Pont-sur-Seine, fondée par Henri, comte de Champagne, en 1167, pour le repos de l'âme de Henri, son père, et de Marie, sa mère. On conservait dans cette Maison un traité du chant composé par saint Bernard (M. l'abbé Henry, *Histoire de l'abbaye de Pontigny*).

saillies vives et mordantes du philosophe de Ferney, pour parler le langage de l'époque. Ses poésies légères charmaient ses loisirs, ses contes lui semblaient exquis. Il y avait bien, peut-être, dans certains écrits de l'auteur de *Mahomet*, des pages, des maximes, qu'il désapprouvait : Voltaire par fois allait *trop loin*. Mais après tout, ce *trop*, n'était pas dangereux : le peuple ne savait pas lire, et la bonne compagnie, les gens *bien nés* faisaient parfaitement la part de ce qu'il fallait retrancher du *Dictionnaire philosophique*. Tout cela, au demeurant, n'avait pas grande portée. Voltaire restait donc un esprit très-amusant, un écrivain qu'il eût été malséant de condamner au feu.

Aussi, quand M. Mignot, *conseiller du Roi en ses conseils et en son grand conseil, grand rapporteur en la chancellerie de France* et enfin abbé commendataire de Scellières, eut l'idée, pour couper court aux difficultés que pouvait lui susciter le clergé de Paris lors de l'enterrement de son oncle, de l'inhumer dans l'église de son abbaye, en attendant qu'il pût reposer à Ferney; il accourut prévenir le prieur de cette intention. La célérité et le secret, si nécessaires dans cette occasion, furent employés de part et d'autre. Dom Potherat de Corbierre expédia sur le champ un courrier à son supérieur immédiat, l'abbé de Pontigny, pour demander l'autorisation d'inhumer le corps de M. de Voltaire dans l'église de Scellières. Dom Chanlatte laissa faire et, comme on le suppose, sans y mettre de mauvaise grâce.

Voltaire mourut le 30 mai (1778); le 31, au soir, l'abbé Mignot arrivait à Scellières; le 1er juin, le corps du philosophe de Ferney était reçu dans l'abbaye, et, dès le lendemain, ses obsèques avaient lieu, en très-grande pompe, après une messe solennelle et toutes celles qui furent dites par des *ecclésiastiques des environs* mandés pour rendre les derniers devoirs au défunt.

Cependant, M. de Barral, évêque de Troyes, averti un *peu tard*, écrivait ce même jour, 2 juin, à Dom Potherat de Corbierre la lettre qui suit :

« Je viens d'apprendre, Monsieur, que la famille de M. de Voltaire, qui est mort depuis quelques jours, s'était décidée à faire transporter son corps à votre abbaye, pour y être enterré; et cela, parce que le curé de Saint-Sulpice lui avait déclaré qu'il ne voulait pas l'enterrer en terre sainte. »

« Je désire fort que vous n'ayez pas encore procédé à cet enterrement, ce qui pourrait avoir des suites fâcheuses pour vous; et si l'inhumation n'est pas faite, comme je l'espère, vous n'avez qu'à déclarer que vous n'y pouvez procéder sans avoir des ordres exprès de ma part. »

« J'ai l'honneur d'être, etc...

Le prieur de Scellières répondit : « Monseigneur, je reçois dans l'instant (3 juin), à trois heures après midi, avec la plus grande surprise, la lettre que vous m'avez fait l'honneur de m'écrire, en date du jour d'hier deux juin : il y a maintenant plus de vingt-quatre heures que l'inhumation du corps de M. de Voltaire est faite dans notre église, en présence d'un peuple très-nombreux. Permettez-moi, Monseigneur, de vous faire le récit de cet événement, avant que j'ose vous présenter mes réflexions (Suivent les détails). »

L'évêque de Troyes témoigna son mécontentement à Dom Chanlatte. Puis, afin d'arranger toutes choses, l'abbé de Pontigny en fut quitte pour suspendre de ses fonctions, pendant quelques mois, le prieur de Scellières, en lui faisant comprendre que cette désapprobation, de sa part, était purement de forme et pour donner une marque de déférence, une sorte de satisfaction à M. de Barral, homme entêté, petit esprit, à courte vue. Dom Chanlatte n'ayant pas attendu, pour mourir, l'année 1790, put emporter dans la tombe toutes ses illusions voltairiennes.

Le héros de Dom Chanlatte était sans doute le Cardinal de Rohan, archevêque de Strasbourg. Comme son modèle, il fut souvent dupe et devint la proie de plus d'un charlatan; comme son modèle encore, et, sauf la différence de taille des deux acteurs et la dimension du théâtre où ils agissaient, il vécut d'expédients, gêné, obéré, tout en disposant d'immenses ressources. Le million de rente de l'Éminence restait toujours insuffisant, et, avec ses revenus ordinaires et ses recettes extraordinaires de toute nature, l'abbé était constamment aux abois. Au milieu de ce relâchement devenu universel, quoique à des degrés différents, à cette date il faut mentionner une dernière tentative de réforme. En 1783, le conseil d'État délibérait gravement et rendait un arrêt qui ordonna de rédiger de nouvelles constitutions pour l'Ordre de Cîteaux; et en 1784 et 1786 des modifications étaient apportées à ce premier arrêt. Mais, s'appesantir sur de pareils détails serait plus que superflu. Le temps de la *réformation* était passé et l'heure de la *suppression* allait sonner. Qu'était-ce qu'une poignée de plâtre au pied d'un monument croulant de toutes parts?

Un dernier abbé, élu le 6 septembre 1788, succéda à Dom Chanlatte : ce fut Jean Depaquy (1), administrateur intègre, économe, homme digne, vertueux ; ecclésiastique dont la vie pleine de régularité offrit un contraste absolu avec les habitudes de son prédécesseur. L'abbé Depaquy s'efforçait de rétablir l'ordre dans la gestion des biens ; il avait déjà acquitté, grâce aux ressources extraordinaires créées par des coupes de bois, une portion des dettes qui pesaient sur le monastère, quand l'Assemblée Nationale allait procéder à une liquidation fondamentale en confisquant les biens du clergé.

En effet, un premier décret, du 2 novembre 1789 (mais seulement accepté par Louis XVI le 4 du même mois de l'année suivante), déclara « que tous les biens ecclésiastiques seraient à la
» disposition de la nation, à la charge de pourvoir, d'une manière
» convenable, aux frais du culte, à l'entretien de ses ministres et
» au soulagement des pauvres, sous la surveillance des provinces. »
— Puis, le 13 février 1790, l'Assemblée décrète, comme articles constitutionnels, que la loi ne reconnaîtra plus de vœux monastiques solennels de personnes de l'un ou de l'autre sexe ; déclarant, en conséquence, que les Ordres et Congrégations réguliers, dans lesquels on fait de pareils vœux, sont et demeurent supprimés en

---

(1) L'élection eut lieu par devant Maître Duplessis, notaire à Auxerre. Un brevet du Roi la confirma et des bulles furent expédiées. C'est par inadvertance sans doute que M. Henry écrit le nom du dernier abbé de Pontigny Depaguy au lieu de Depaquy, qui est la véritable orthographe, ainsi que nous l'ont démontré plusieurs pièces au bas desquelles se trouve très-lisiblement tracée la signature du successeur de D. Chanlatte.

France, sans qu'il puisse en être établi de semblables à l'avenir, etc.; l'un des articles de la constitution civile du clergé vint confirmer, en juillet de la même année, ces premières dispositions, en déclarant *éteints et supprimés* les abbayes, prieurés, etc.

Dès le 21 décembre 1789, la Constituante avait également décidé qu'une partie des *domaines de la Couronne*, ainsi qu'une quantité de *domaines ecclésiastiques*, suffisante pour former ensemble une valeur de 400 millions, serait mise en vente. » — Un décret, de juillet 1790, ordonna cette vente en traçant les règles à suivre pour l'aliénation.

C'est le 15 mai de cette même année (1790) qu'on constata la situation financière de l'abbaye de Pontigny. Des états exactement et régulièrement dressés, il résulta que les dettes s'élevaient à 348,502 francs, et que les revenus, en y comprenant la valeur annuelle des produits de la réserve estimés 3,965 francs, atteignaient 74,506 francs. Dans cette somme totale, 70,541 francs représentaient les revenus résultant des baux des fermes, des coupes de bois, etc. (1).

---

(1) Voir à l'appendice, note *F*, l'indication des biens que possédait l'abbaye

XXIV.

Les premiers jours de 1114 avaient vu naître Pontigny, et six cent soixante-dix-huit ans s'étaient par conséquent écoulés, lorsque, le 15 mai 1792, furent vendus les bâtiments de l'abbaye avec toutes ses dépendances immédiates (1). Voici ce qui fut

---

(2) Les dépendances immédiates se composaient d'environ dix-huit hectares, plus le bois du parc d'une contenance de vingt-un hectares; le moulin à blé attenant à l'abbaye; vingt-deux hectares et demi de prés; le moulin à

excepté : Sous réserves (nous transcrivons) de *l'église, des chemins pour l'entrée d'icelle, du clocher, de l'horloge, du cimetière, et du pavillon et jardin attenant étant à droite et affectés au logement du chirurgien de l'ancien monastère ; — l'alignement de la route et la propriété des eaux venant de la fontaine, conduites par des canaux au bassin qui est dans la cour abbatiale ; et aussi l'aile droite du cloître adhérent à l'église dans toute sa longueur.*

Cette dernière réserve était fort essentielle, puisque la démolition de cette partie des cloîtres eût très-probablement causé la chute de l'église. En effet, de ce côté de l'édifice, on ne remarque pas comme au sud de simples contreforts, mais bien des arcs-boutants qui viennent s'appuyer sur les principaux piliers du cloître rebâti dans la première moitié du seizième siècle. On voit encore sur cette construction des ornements variés, tels que des palons, des consoles, des guirlandes et l'écusson de celui des abbés qui fit réédifier les cloîtres.

Cependant, les acquéreurs paraissaient ne vouloir tenir aucun compte de la réserve stipulée lors de l'adjudication. Ils prétendaient s'emparer de tout ce qui entourait l'église ; et le commissaire du district de Saint-Florentin se plaignit, le 21 décembre 1792, que

---

foulon d'étoffe ; l'écluse située sur le Serain entre Ligny et Pontigny. — Les acquéreurs furent le sieur Cordonnier, procureur de la commune de Pontigny, et les sieurs Meunier, Loysel et Guillerat, habitants du même lieu. Le tout fut adjugé moyennant 181,200 livres. Dans cette somme, 40 mille livres représentaient les bâtiments et l'enclos de dix-huit hectares, valeur en assignats ; ou, en réalité, eu égard à la dépréciation déjà éprouvée par le papier-monnaie, à cette époque, environ 24,000 francs.

PONTIGNY.

DEUXIÈME VUE DE L'ÉGLISE (Côté du Cloître)

la démolition de l'aile droite du cloître eût été commencée; il signalait, en même temps, l'intention manifestée par les adjudicataires d'abattre les deux chambres qui sont établies sous le porche (1). Par cette salutaire intervention, l'administration s'opposa énergiquement aux démolitions commencées ou projetées, et l'église fut préservée d'une ruine certaine.

Après avoir échappé à ce danger, l'édifice eut à redouter d'autres actes de vandalisme qui menaçaient de le dépouiller d'une partie de ses décorations intérieures. Les archives de l'Yonne ont conservé, à cet égard, certains documents qui méritent de revivre ici. La première pièce que nous transcrirons, et elle a bien son prix, fut adressée aux administrateurs du District de Saint-Florentin par la Société populaire de cette ville.

Saint-Florentin, le 18 brumaire de l'an second de la
République française une et indivisible

« Citoyens administrateurs,

» Nous avons appris par un de nos frères que le chœur de
» l'église de la ci-devant abbaye de Pontigny est encore entouré
» de grilles de fer et que l'autel est orné d'énormes chandeliers

---

(1) Ces intérieurs ont été utilisés par la commune. La pièce à gauche est devenue la salle de la mairie; celle qui se trouve à droite sert de logement à l'instituteur. — Le desservant est logé dans le petit bâtiment à gauche, près du porche qui autrefois était l'habitation du prieur. Mais la commune en paie le loyer, car cette construction avait été comprise dans la vente faite par la Nation. — Parmi les bâtiments aliénés et encore debout, il faut citer l'orangerie et surtout l'*édifice* (le mot peut être employé) qui, construit avec un grand luxe de solidité et dont deux étages sont voûtés d'une manière

» de cuivre ; nous avons pensé qu'il ne convenait pas d'entourer,
» comme des repaires de brigands, le temple de l'Etre suprême
» qui doit être accessible à tous les fidèles. C'est donc remplir
» les intentions divines que de détruire ces barrières pompeuses
» et inutiles, en les consacrant à la défense de la République.

« Un sanctuaire peut exister sans grilles, mais la patrie attaquée
» ne peut se passer de piques. Citoyens, la Société populaire de
» Saint-Florentin vous prie de faire disparaître, de tous les tem-
» ples de votre ressort, les métaux de fer, de cuivre et de fonte
» qui ne sont pas spécialement nécessaires au culte et de les faire
» convertir en fusils, en piques et en canons.

« Ordonnez, citoyens, et tous les administrés s'empresseront
» de concourir à l'exécution de ces mesures *révolutionnaires*.

» *Les membres de la Société populaire de Saint-Florentin.* »

Suivent les signatures du Président, du vice-Président et du Secrétaire. Nous nous abstiendrons de les transcrire. Celle du Président appartenait à un homme mort, il y a peu d'années, revêtu des plus hautes fonctions. — Les rédacteurs de la pétition qu'on vient de lire, en employant ces mots, mesures *révolutionnaires*, ne pressentaient pas que la Convention Nationale, elle-même, ne tarderait point, par la loi du 24 prairial de l'année suivante, à effacer,

---

grandiose, servait de cellier et de grenier à l'abbaye. En pénétrant dans l'intérieur de ce bâtiment, on ne saurait se méprendre sur la puissance qu'avait acquise l'Ordre de Cîteaux ; à cette vue, on comprend que ceux qui construisaient ainsi ne mouraient jamais, mais qu'ils se perpétuaient à travers les siècles, travaillant toujours pour un avenir qui, en effet, leur appartint si longtemps.

à interdire en quelque sorte cette qualification de *révolutionnaire*. » Car, par l'acte que nous rappelons, elle décréta « qu'aucune autorité constituée ne prendrait plus désormais le nom, le titre de *révolutionnaire*. »

Quoiqu'il en soit, le Directoire du district s'empressa de faire droit à la pétition de la Société populaire dans les termes suivants : « Le Directoire, considérant que les grilles qui entourent le chœur de l'église de la ci-devant abbaye de Pontigny et que les chandeliers qui ornent l'autel *peuvent être très-utiles* à la République, estime, après avoir entendu l'administrateur substituant le procureur-syndic, que les grilles doivent être converties en piques et les chandeliers en canons. » — A Saint-Florentin, le 20 brumaire de l'an II de la République une et indivisible. »

« *Les administrateurs du District.* »

(Suivent trois signatures.)

Malgré cette décision, les grilles qui entourent le *sanctuaire* (c'est à tort que la Société populaire disait le chœur où il n'en exista jamais) furent pourtant conservées. Quant aux chandeliers, fort remarquables par leur forme, ils disparurent, sans que nous puissions affirmer qu'ils vinrent augmenter le matériel de l'artillerie de la République.

Voyons maintenant ce que voulait la citoyenne Girard, car tout le monde voulait à cette époque. Le voici : la citoyenne Girard, en thermidor an IV, soumissionnait pour acquérir l'église de Pontigny ; pas moins que cela. Et sans lui faire le moins du monde injure, disons que ce n'était point apparemment pour y prier ou la conserver aux fidèles. Ce qui nous autorise à penser qu'elle voulait la démolir, c'est un long et très-volumineux procès-verbal que nous avons sous les yeux, lequel contient une estimation parfaitement détaillée des fers, pierres, plombs, tuiles et charpentes qui la composent. Tout cela très-exactement calculé, réduit en pieds cubes et évalué par elle à la somme de 45,404 fr. qui, au cours du papier-monnaie à cette même époque, ne représentait pas même 200 fr. en numéraire, le louis de 24 livres, en mars 1795 (trois mois avant par conséquent), valant 5,200 fr. en assignats.

Dans ce curieux procès-verbal descriptif et estimatif, on lit : « Les quatre adorateurs et le baldaquin en bois (qui soutiennent et entourent la châsse de saint Edme), estimés 12 livres, c'est-à-dire la fraction d'*un* centime, selon le cours que nous avons indiqué. Les admirables stalles, à droite et à gauche du chœur, que cet étrange procès-verbal qualifie de *belle menuiserie en bois de chêne*, sont estimées au juste 828 livres, ou, si on l'aime mieux, d'après l'échelle de dépréciation donnée tout à l'heure, un peu moins de *quatre* francs.

Ainsi, cette œuvre, fruit de la patience persévérante d'artistes du plus grand talent, qui ne la produisirent qu'après un travail qui exigea bien des années, qu'on n'obtiendrait peut-être pas pour soixante mille francs, pouvait être livrée et détruite pour la chétive somme avec laquelle on paierait à peine aujourd'hui la journée d'un menuisier un peu intelligent.

Par bonheur, la citoyenne Girard avait la date contre elle. La Convention avait déjà, le 2 prairial de l'an III, formulé la loi suivante : « La Convention nationale, voulant assurer de plus en plus le libre exercice des cultes, DÉCRÈTE : Article Ier. Les citoyens des communes et sections de communes de la République auront provisoirement le libre usage des édifices non aliénés, destinés originairement aux exercices d'un ou de plusieurs cultes et dont elles étaient en possession au premier jour de l'an II de la République (c'est-à-dire le 22 septembre 1793). Ils pourront s'en servir sous la surveillance des autorités constituées, tant pour les assemblées ordonnées par la loi que pour l'exercice de leur culte. — Art. 2. Ces édifices seront remis à l'usage desdits citoyens, dans l'état où ils se trouvent, à la charge de les entretenir et réparer, etc. »

Il ne fut donc donné aucune suite à la soumission de la citoyenne Girard. Mais, sans le moindre doute, si l'église de Pontigny n'eût été dès longtemps assimilée, ainsi que nous l'avons indiqué précédemment, à une paroisse; si elle n'eût été considérée comme la succursale de Venouse, son église, de même que celles de tant d'autres abbayes, aurait été vendue et démolie (1).

Chose étrange! Même en pleine Restauration, une nouvelle spoliation était méditée et menaçait de priver Pontigny de son plus bel ornement. Cette fois, le péché de convoitise était commis par

---

(1) En 1792, Pontigny fut érigé en commune. Sa population, de 705 habitants, comprend les villages ou hameaux, de la rue Feuillée, du Pont, de la Tuilerie; les fermes ou écarts du Beugnon, de Sainte-Porçaire, de Sainte-Radegonde, de Roncenay, et deux maisons de la Mouillère détachées des territoires de Ligny et de Vergigny. Pontigny est traversé par la route royale n° 77 (dite de Nevers à Sedan) passant à Auxerre, à Saint-Florentin, etc.

un Prélat. M. l'abbé de Boulogne, évêque de Troyes, non content que sa cathédrale se fût enrichie des stalles de l'ancienne abbaye de Clairvaux, prétendait obtenir celles de l'église de Pontigny. Ses instances, pour parvenir à ce but, furent souvent répétées, mais toujours éludées ou repoussées. La seule excuse de Monseigneur, s'il est permis d'en trouver une à cette tentative de larcin, c'est que les stalles, objet de ses vœux ardents, sont de beaucoup supérieures, par le travail et la délicatesse des sculptures, à celles de Clairvaux, qui décorent le chœur de la cathédrale de Troyes (1).

Au milieu de la tempête révolutionnaire, à travers bien des incidents irrévérents, et nonobstant les visites malencontreuses que reçut l'église de Pontigny, la châsse et les restes de saint Edme demeurèrent à l'abri de tout outrage. Ce long, ce séculaire respect, dont la piété des populations avait entouré les dépouilles de l'archevêque de Cantorbéry, sembla les protéger encore. Il fut donné à ce sentiment de prévaloir sur cette sorte d'ivresse, qui causa tant de profanations dans des lieux non moins dignes pourtant d'inspirer une juste vénération (2).

---

(1) Pour comprendre la demande et les instances de M. l'abbé de Boulogne, il faut se rappeler que le département de l'Yonne faisait partie, selon la circonscription établie par le concordat de 1801, du diocèse de Troyes et n'en fut détaché qu'après 1821, lors de l'établissement de l'archevêché de Sens.

(2) En 1825, M. Cabias, desservant de Pontigny à cette époque, sans avoir pris les ordres de l'archevêque de Sens qui l'en *blâma fortement*, dit M. Henry, eut l'idée de substituer à l'ancienne châsse de bois doré, celle actuelle plus légère et dont le vitrage n'est pas protégé par un grillage. Le corps de saint Edme, selon le même historien : « fut trouvé couché dans sa

Jetons un dernier regard sur les hôtes du cloître de Pontigny, au moment où le décret de l'Assemblée Constituante, en leur donnant la liberté, leur ordonnait de se disperser. Il nous a paru curieux de constater, autant que possible, ce qu'étaient devenus, ce qu'avaient fait les religieux, au nombre de quinze, après leur sortie du monastère (1). Voici, à cet égard, le résultat de nos recherches. — L'abbé J. Depaquy se retira à Saint-Florentin, où, jusqu'à sa mort, en 1810, il fut constamment entouré de l'estime publique. Il occupa ses loisirs à transcrire les cartulaires de l'hospice et à faire des recherches historiques sur la ville qui lui servit d'asile. — M. de Meulan d'Oisonville, abbé des Fontaines *in partibus* au diocèse d'Yorck, coadjuteur de l'abbé du monastère de Marcilly, près Avallon, figure au registre du District de Saint-

» châsse, revêtu de ses habits pontificaux, depuis la mitre jusqu'aux
» brodequins. On répara la mitre qui tombait en lambeaux et on changea
» le linceul qui touchait le corps. Le bras de saint Edme, détaché du corps
» du temps de Saint-Louis, est déposé actuellement dans une armoire pra-
» tiquée dans le mur d'une chapelle. »

(1) On voit combien se trouvait réduit le personnel de l'abbaye en 1790. Quinze moines et deux frères convers ! Alors le grand monolithe circulaire percé de quarante trous sur ses bords, et dont le diamètre n'est pas moindre de quatre mètres et demi, avait cessé de servir aux moines pour leurs ablutions, bien qu'il fût toujours resté au milieu des cloîtres. Il était superflu, et d'ailleurs on eût dédaigné d'y recourir. Il ne témoignait plus que de la simplicité des temps passés; ce n'était guère qu'un appendice de la vieille Règle de Cîteaux, apprenant, en outre, que la Communauté jadis comptait quarante membres. Ce bassin assez curieux a été conservé, le possesseur de l'ancienne réserve de l'abbaye l'ayant fait transporter dans la partie de terrain en jardin qui est voisin de l'orangerie. Autrefois, l'eau jaillissait à son milieu, puis s'épanchait courant à la circonférence pour alimenter les quarante robinets qui y avaient été pratiqués.

Florentin comme aumônier du bataillon de volontaires jusqu'en 1793. — J.-B. Marié, prieur, est mort, en septembre 1790, à Pontigny. — François Mirey, dépensier de l'abbaye, annonça dans sa déclaration, faite à la municipalité de Pontigny, le 29 août 1790 : « Qu'il acceptait la liberté qui lui était offerte par les » États-Généraux pour se retirer où bon lui semblerait, et, en » rentrant dans la classe des citoyens actifs, profiter de tous les » avantages que lui accordait le décret émané de l'Assemblée » Nationale. » Il se retira à Myenne, près Cosne. — Simon Depaquy, procureur du couvent et frère de l'abbé, fit sa déclaration en faveur de la *vie privée*. Il s'établit à Chablis et ne tarda pas à s'y marier. — L'un des religieux, L.-J. Tardif, atteint de folie, était placé dans la maison d'aliénés de Maréville, près Nancy, au moment de la dissolution de l'Ordre. — Potherat de Corbierre devint vicaire et officier public à Neuvy en juin 1792. — Robert resta à Pontigny jusqu'en janvier 1792 ; il fut vicaire l'année suivante ; puis, plus tard, desservant de Pontigny, où il resta en cette qualité jusqu'en 1821. Il serait superflu de pousser plus loin cet examen. Les autres membres de la Communauté vécurent paisiblement dans le lieu qu'ils avaient choisi pour retraite.

XXV.

Lorsque l'église de la vieille et puissante abbaye, grâce à ce qu'elle servait déjà à la célébration du culte pour la faible population née autour d'elle, s'est vue soustraite aux atteintes du marteau des démolisseurs, est-il permis d'espérer que les ravages du temps, l'inclémence des saisons ne viendront pas détruire l'édifice que la Révolution a respecté? Une telle espérance, si raisonnable au fond, serait vaine, si les seules et modiques ressources de la commune de Pontigny devaient la préserver de sa ruine. Ce ne seraient pas davantage les subventions, nécessairement très-restreintes, que le Conseil général accorde dans son budget pour effectuer quelques réparations à la toiture, qui pourraient prolonger l'existence d'un édifice qui, dans plusieurs de ses parties, exige d'importantes reconstructions. Pesant l'imminence du danger et les faibles moyens de le conjurer, le Conseil général de l'Yonne, dont l'intérêt pour nos monuments nationaux est sincère autant qu'effectif, a sollicité du Gouvernement le classement de l'église de Pontigny parmi celles dont la conservation est une déférence pour les arts et un honneur pour l'Etat (1). Trop de ruines déjà couvrent le pays. La France a

(1) Des plans, accompagnés d'une notice archéologique, rédigée par M. Quantin, archiviste du département, et de la délibération du Conseil général prise en 1842, ont été transmis à M. le Ministre de l'Intérieur par M. le Préfet. Dans sa session de 1843, le Conseil général a renouvelé ses instances, afin que l'église fût préservée de la ruine dont elle serait menacée par un plus long abandon. — Dans le courant du mois d'août 1843, l'édifice a été visité et examiné avec le plus grand soin par M. Mérimée, inspecteur général des monuments historiques. Puisse le rapport du savant archéologue, de l'ingénieux et spirituel écrivain, exercer une heureuse influence sur les destinées de la noble et vénérable église ! Puisse l'impression qu'il a reçue, en l'explorant si attentivement, s'être reflétée dans les pages où il l'aura décrite ! Elle est digne de son patronage éclairé. — Dans les premiers jours de septembre, M. le Préfet conduisait aussi à Pontigny M. Grille de Beuzelin, secrétaire de la commission des monuments historiques. Enfin, circonstance heureuse ! le vice-président de cette commission n'est-il pas l'honorable M. Vitet, doué au plus haut degré de l'amour de l'art, celui dont la plume en a si souvent apprécié et consacré les merveilles ! Voilà donc, croyons-le, plus d'un motif d'espérer que nos vœux ardents, notre sollicitude si vive pour la conservation de l'église de la vieille abbaye, ne resteront ni vains ni stériles.

vu disparaître, depuis cinquante ans, un si grand nombre d'édifices marqués au sceau de l'âge et empreints du génie qui les éleva sur le sol de nos ancêtres, qu'il est temps de conserver enfin aux générations à venir ce qu'il nous en reste encore. Le Gouvernement a répondu à ce sentiment de notre époque, en mettant au nombre de ses obligations la restauration des édifices religieux les plus célèbres. Si déjà Vézelay, pour ne parler que de ce qui nous touche plus spécialement, a éprouvé les effets de cette louable tendance, l'église de Pontigny, elle aussi, n'a pas de moindres droits à sa protection tutélaire.

Cette mesure conservatrice, que nous appelons de tous nos vœux, coïnciderait heureusement avec le pieux souvenir accordé récemment à la célèbre basilique par l'un des Prélats de la vieille Angleterre. Le 1er octobre 1842, M. Wiseman, coadjuteur de l'évêque de Birmingham, se rendit, après un court séjour à Sens, à Pontigny même, pour visiter le tombeau de saint Edme. Le lendemain, M. Wiseman célébra la messe dans cette église, jadis illustrée et consacrée par la présence des archevêques de Cantorbéry et qui reçut les dépouilles de plusieurs évêques anglais. Il ouvrit ensuite la châsse de saint Edme et admira, avec une religieuse surprise, le corps merveilleusement conservé du patron de Pontigny.

Cette mémorable visite de M. Wiseman n'a précédé que de peu de jours l'acte par lequel M. l'archevêque de Sens venait d'acquérir, du dernier propriétaire, une étendue d'environ huit hectares : celle qui forme la partie de terrain désigné sous le nom de *grand jardin de l'abbaye* et où existent trois principaux bâtiments séparés par des distances assez considérables (1).

En faisant cette acquisition, monseigneur de Cosnac s'est proposé deux buts également louables. Dans l'un des bâtiments seront placés les prêtres auxiliaires du diocèse; dans un autre, les ecclésiastiques âgés ou infirmes trouveront une retraite paisible et honorable.

Il y a, dans cette double destination donnée aux débris de la vieille abbaye, achetés par le Prélat, une idée éminemment chrétienne et intelligente. Le monastère, qui dut la gloire et la pureté de son origine au zèle fervent et désintéressé des vénérables compagnons de l'ami de saint Bernard, reverra, au milieu de ses ruines, des prêtres pauvres, modestes et animés de la foi. Sous l'empire des institutions tolérantes qui nous régissent, avec nos convictions douteuses mais faciles, il était impossible de rattacher plus heureusement, sans blesser les susceptibilités de l'opinion, le souvenir des temps passés aux nécessités présentes.

Les lieux que vont habiter les hôtes choisis par M. l'archevêque de Sens se sont comme épurés par le malheur. De grandes leçons

---

(1) Ils se composent de l'ancienne orangerie, de la vaste construction servant de cellier, de grange et de greniers à l'abbaye et dont nous avons eu occasion de parler; puis, du petit bâtiment où habitait le prieur du couvent et que, dans ces derniers temps, la commune louait pour loger le desservant; et aussi de la maison et du jardin attribués au chirurgien du monastère; enfin, des deux pavillons placés de chaque côté de la porte claustrale. Ces deux pavillons sont unis par une galerie découverte, au-dessous de laquelle se trouvent des cours ou écuries.

ont profité. La richesse, le luxe, le plaisir n'y trouveraient plus à se loger. Pour les prêtres dans la force de l'âge, l'accomplissement de devoirs sérieux naîtra d'une vocation sans mélange des ardeurs terrestres : aux autres, aux vieux apôtres fatigués, est réservé un toit hospitalier, un abri sans faste, mérité par un long exercice du ministère évangélique au sein des campagnes (1).

Et cette belle, cette utile, cette inoffensive transformation qu'aura subie Pontigny ne soulèvera pas de haine, n'éveillera pas de convoitise, ne froissera aucun sentiment. Si nous en croyons notre espoir, si nous avons bien jugé notre époque, elle fera naître, au contraire, plus d'une sympathie; et l'approbation des hommes qui sont amis de la religion, avec cette sagesse pleine de modération qui ajoute encore à son influence comme à ses bienfaits, lui sera entièrement acquise.

(1) Au moment où s'imprimait cette Notice, déjà les projets conçus par M. l'Archevêque avaient reçu un commencement d'exécution ; par ses soins, plusieurs prêtres se trouvaient réunis à Pontigny. Mais le respectable Prélat qui avait entrepris cette œuvre si méritoire a été enlevé à son diocèse : puisse le sage et digne successeur qui vient de lui être donné accepter cette noble portion de l'héritage de Monseigneur de Cosnac, et poursuivre l'accomplissement d'une des pensées qui le préoccupèrent le plus dans les derniers instants de sa vie.

APPENDICE.

APPENDICE.

(*A*) Nous empruntons à l'ouvrage de M. l'abbé Henry la note et le tableau ci-après, résultant des faits qu'il a puisés dans le Cartulaire de Pontigny, t. 1, pages 115, 133 et suivantes.

« L'Ordre de Cîteaux comptait, au dix-huitième siècle, sept cent soixante-seize Maisons ou abbayes de sa filiation ; *cent cinq* de la filiation de Cîteaux ; *quinze* de celle de la Ferté, première Maison sortie de Cîteaux ; *quarante-cinq* de Pontigny, sa seconde fille, non compris celles qui avaient été détruites ; *trois cent soixante-cinq* de Clairvaux, et *deux cent vingt-six* de Morimon.

» La filiation de l'abbaye de Pontigny s'étendait en France, en Italie, en Hongrie, en Pologne et en Angleterre. Le schisme et l'hérésie lui enlevèrent les monastères d'Angleterre ; d'autres causes séparèrent ceux de la Pologne. Pendant les guerres, les abbés n'ayant pu correspondre avec sûreté avec la France, avaient la plupart abandonné leur Maison-mère et avaient érigé leurs monastères en différentes congrégations. Ils ne paraissaient plus aux Chapitres que par députés. — Dans les derniers temps, il ne restait plus à l'abbaye de Pontigny que *trente-six* Maisons : *vingt-cinq* de la commune observance, *neuf* de l'étroite et *deux* de filles; l'abbaye de la Chassagne et celle de Bons, dépendantes immédiatement de l'abbé de Saint-Sulpice, qui était un abbé régulier, de même que celui du Pin et celui du Rivet.

» Ainsi l'abbaye de Pontigny n'avait que *trente* Maisons sous sa juridiction. Voici, dans le tableau qui suit, les noms de tous ces établissements avec l'année de leur fondation et l'indication des départements où se trouvent les débris qui en peuvent rester encore. — Ceux qui sont en tête de la première accolade désignent les abbayes-mères qui ont produit celles qui suivent. »

En 1114, PONTIGNY (Yonne).
      1119, BOURAS (Nièvre).
      1138, CHALIVOIS (Nièvre).
      1119, CADOUIN (Dordogne).
      1123, CONDOM (Lot-et-Garonne).
      1128, FONTGUILLEM (Gironde).
      1124, BONNEVAUX (Vienne).
      1130, SAINT-MARCEL (Lot).
      1133, LA RHODE (Tarn).
      1147, CLARIANNE (Roussillon, Espagne).
      1147, FAIZE (Gironde).
      1120, DALON (Corrèze).
      1121, BONLIEU (Creuse).
      1123, BEUIL (Haute-Vienne).
      1139, SAINT-LÉONARD (Charente-Inférieure).
      1134, LOC-DIEU (Aveyron).
      1138, AUBIGNAC (Indre).
      1140, PRÉBENOIT (Creuse).
      1163, LE PALAIS (Creuse).
En 1124, FONTAINE-JEAN (Loiret).
      1124, JOUY (Seine-et-Marne).
      1133, PONTAUT (Basses-Pyrénées).
      1188, LE RIVET (Gironde).
      1144, LA NOE (Eure).
      1161, CARBON-BLANC (Gironde).
      1167, SCELLIÈRES (Aube).

	1130,	Saint-Sulpice (Ain).
	1145,	La Chassagne (Ain).
	1155,	Bons (Ain).
	1143,	Falère (Italie).
	1170,	San-Sébastiano (Italie).
En	1133,	Quincy (Yonne).
	1136,	Chalis (Oise).
	1151,	La Merci-Dieu (Vienne).
En	1136,	Les Roches (Nièvre).
	1137,	Cercamp (Pas-de-Calais).
	1130,	L'Etoile (Vienne).
	1141,	Le Pin (Vienne).
	1145,	Trizay (Vendée).
	1156,	Notre-Dame-de-Ré (Charente-Inférieure).
	1144,	L'Estrée (Eure-et-Loire).
	1200,	Saint-Martin-de-Viterbe (Italie).
	1200,	Hégres (Hongrie).
	1219,	Sainte-Croix (Hongrie).
	1219,	Zam (Hongrie).
	1259,	Kiers (Hongrie).

(*B*)   Liste des illustres personnages inhumés à Pontigny.

Guichard, archevêque de Lyon, mort en 1180, et Guérin ou Gérard, archevêque de Bourges, mort en 1181; tous deux auparavant abbés de Pontigny.

Saint Edme, archevêque de Cantorbéry, mort en 1242.

Le bienheureux Guillaume de Ludan, archevêque d'Yorck, vint à Pontigny auprès de saint Edme, son compatriote, et y mourut en 1272. En 1669, en levant sa tombe, on trouva son corps; derrière son chef était placée une lame de plomb sur laquelle on lut ces mots : *Guillelmus Eboracensis archiepiscopus, Angliæ primas.* Au côté droit étaient un calice et une patène d'argent doré; à gauche, une crosse de cuivre doré, et un anneau d'or; son *pallium* était sur son estomac; sa mitre était décorée de petites feuilles d'argent doré.

Hugues de Mâcon, évêque d'Auxerre, premier abbé de Pontigny, mort en 1151.

Pierre, évêque d'Arras, cinquième abbé de Pontigny, mort en 1203.

Garmond, nommé évêque d'Auxerre, mort de la peste, à Rome, en 1184.

Gérard, cardinal, neuvième abbé de Pontigny, mort en 1202.

Mauger, évêque de Wigorme.

Le bienheureux Edme, religieux de Pontigny; suivant Lebeuf, il a composé un ouvrage en Français; le manuscrit en est conservé en Angleterre.

Jourdain, abbé de Cercamp, mort en 1142.

Helselin et Artaud, autres abbés de Cercamp.

Guy, frère aîné de saint Bernard, religieux de Clairvaux.

Thibault, comte de Champagne, dit le Grand.

Adèle ou Alix, fille du même Thibault, troisième femme de Louis VII, roi de France, et mère de Philippe-Auguste, morte en 1206. Les calvinistes détruisirent son mausolée en 1567.

Hervé de Donzy, comte d'Auxerre, Nevers et Tonnerre, mort en 1222.

Jeanne de Châlons, comtesse de Tonnerre et de Ligny-le-Châtel, morte en 1400.

Bouchard de Seignelay, sorti des barons de ce nom, seigneur d'Esnon, père de Manassès, évêque d'Orléans, et de Guillaume de Seignelay, évêque d'Auxerre, puis de Paris; il mourut en 1180; et Aliénor de Montbard, petite nièce de saint Bernard, épouse du même Bouchard, morte en odeur de sainteté en 1200 environ.

Guillaume de Seignelay, dont nous venons de parler, mort en 1223.

Étienne de Seignelay, seigneur de Bassou, mort en 1237, et sa veuve Erménéseude.

Haganon, seigneur d'Ervy-le-Châtel, mort vers l'an 1200, et Miles, son fils, mort en 1213, et la femme de ce dernier.

Thibault de Bar, seigneur de Champlost, mort en 1204.

Alix, d'abord femme d'André de Brenne, puis de Gaucher, comte de Joigny, morte vers 1202.

Anseric de Montréal, mort vers 1230, et Agnès de Thil, dame de l'Isle de Montréal, sa veuve, morte en 1235.

Margot ou Marguerite de Bouilly, morte en 1317.

Guy, seigneur de Maligny, et Hermengarde, sa femme, enterrés vers 1230.

Gaucher, seigneur de Maligny, mort en 1241.

Marguerite de Saint-Florentin, fille de Guy de Meix (de Meso), mort en 1290.

Le chancelier Algerin ou Algrin; il était en même temps chanoine d'Étampes et chapelain du roi Louis VII; mort en 1139.

Honoré, abbé de Trizay.

Pierre, seigneur de Boos, mort en 1334.

Dromquarré de Lichères, mort en 1323.

(*C*) « L'interdit, selon le docteur Lingard, était une espèce de punition ecclésiastique tout à fait inconnue dans les premiers âges du christianisme. On pourrait en trouver quelques faibles traces vers l'année 560. Mais ce ne fut qu'à compter du onzième siècle que son usage devint fréquent, et que l'on définit exactement sa nature et ses effets. Après la mort de Charlemagne, les diverses nations de l'Europe gémissaient sous l'oppression d'une noblesse guerrière, dont la rapacité ne respectait ni la sainteté de l'autel, ni les droits de l'humanité : et pour réprimer la férocité de ces nombreux tyrans, le clergé adopta tous les *expédients* que lui fournit la religion ou que *l'adresse* lui suggéra. Dans un synode tenu à Limoges, à l'une de ces occasions, l'abbé Odolric proposa de *faire l'essai* de l'interdit. « Jusqu'à ce que
» les nobles, dit-il, cessent leurs ravages, défendez la célébration de la
» messe, la solennité du mariage et de l'enterrement des morts. Que les
» églises soient dépouillées et que les fidèles observent l'abstinence du
» carême, etc. » On suivit ce conseil : la masse du peuple, qui se trouva ainsi privée de l'exercice de la religion, déconcerta et effraya les oppresseurs ; et le succès de cette épreuve recommanda l'interdit au clergé comme la plus puissante des armes qu'il pût opposer à la violence de ses ennemis. »

(Lingard, *Histoire d'Angleterre*, tome 2, page 31).

(*D*) Il nous a semblé que la curiosité était éveillée sans être satisfaite par la mention que fait M. l'abbé Henry du concile d'Héry; et que plus cette assemblée aurait été remarquable et solennelle, plus aussi il pouvait être intéressant de connaître quel avait été le but de sa convocation et les résultats de ses délibérations.

Dans cette pensée, nous avons voulu recourir à un auteur qu'on n'interroge jamais en vain en ce qui touche l'histoire de l'ancien diocèse d'Auxerre. L'ouvrage du judicieux et si savant abbé Lebeuf est en effet une source aussi pure que féconde, d'où jaillit une érudition forte et toujours sûre. Dans ce livre excellent, la simplicité du récit ne saurait être comparée qu'à l'exactitude des faits qui s'y trouvent exposés.

Avant de raconter ce qui se passa au concile d'Héry, nous devons faire une remarque qui nous paraît essentielle : c'est que dans ces temps reculés, souvent, bien souvent même, les assemblées qui prirent le nom de conciles n'avaient pas uniquement pour objet, il s'en faut de beaucoup, de traiter des questions religieuses, de régler des points qui touchassent à la discipline ecclésiastique. Dans leur sein se portaient, s'agitaient les grands différends, les dissentiments des princes. C'est qu'alors, en effet, les affaires temporelles semblaient inséparables de l'action qu'exerçaient les évêques et les membres du haut clergé. Ils en étaient forcément, inévitablement les arbitres. Aussi, dans plus d'une occasion, les décisions de ces sortes d'assemblées furent sollicitées, reçues comme autant de sentences nécessaires pour le règlement des intérêts politiques.

Hugues de Challon, évêque d'Auxerre, l'un des Prélats dont le haut mérite, la fermeté de caractère et la prodigieuse activité expliquent jusqu'où allait sa puissance, avait embrassé la cause de Robert et soutenu les prétentions de ce prince contre Othon Guillaume, duc de Bourgogne, qu'un testament injuste investissait de cette province au mépris des droits légitimes du Roi. Hugues ne craignit point, dans cette grave conjoncture, de se séparer de Landry, comte d'Auxerre ; de suivre Robert dans ses campagnes contre les confédérés d'Othon Guillaume et de l'assister non-seulement de ses conseils et de son influence, mais encore de lui prêter l'appui de son bras ; car Hugues, ainsi que le remarque l'abbé Lebeuf, était un excellent guerrier.

Cependant, à la suite d'une lutte qui ne dura pas moins de douze années, après les succès du Roi, un sentiment de lassitude prévalut. Les plus considérables parmi la noblesse déjà avaient voulu rentrer en grâce auprès du Souverain. Le besoin de transiger se manifestait. « On demanda à s'accorder, dit l'abbé Lebeuf, et le Roi Robert s'en rapporta là dessus à tout ce que Hugues de Challon trouverait convenable. » C'est alors que l'évêque d'Auxerre jugea à propos de faire tenir des assemblées dans différents lieux, afin de traiter de la paix. Elles furent composées d'évêques, de la noblesse et des membres du Tiers-Etat. Ces assemblées eurent un caractère imposant et une grande solennité. Le concours des personnes qui s'y trouvèrent appelées fut considérable. On eut soin d'apporter de tous les pays les châsses des saints. Il serait superflu d'énumérer le nombre de celles qui y figurèrent. L'abbé Lebeuf fait observer, avec une naïve sincérité, « que si la présence de tant de corps saints n'influait pas sur le succès des traités de paix, elle procurait au moins la guérison des malades. »

Eh bien! l'une de ces réunions mémorables, formées à la voix de Hugues de Challon, fut précisément celle qui se tint, en 1015, à Héry, terre de l'abbaye de Saint-Germain d'Auxerre. Le Roi Robert y assista avec *quantité de Prélats et de Seigneurs*. Ce fut Leotheric, archevêque de Sens, qui présida le concile. Gosselin, archevêque de Bourges, est cité parmi les membres du clergé les plus notables convoqués à Héry : Landry, comte d'Auxerre, s'y faisait remarquer au milieu des nobles les plus considérables qui se trouvèrent à cette imposante réunion. Enfin, cette assemblée eut une telle célébrité, un tel éclat, dit le grave historien où nous puisons ces faits, que Clarius, moine de Sens, dans le siècle suivant, l'appelle *magnus conventus*.

Voici une circonstance indiquée par l'abbé Lebeuf et qui atteste combien était profonde la vénération qu'on accordait aux restes de saint Germain : parmi le grand nombre de châsses apportées à Héry, on remarqua que celle de l'illustre évêque d'Auxerre ne s'y trouvait pas. Quelques-uns demandèrent qu'on l'y fît venir. Mais Hugues de Challon s'y opposa, disant : « Qu'il ne convenait pas, pour quelque raison que ce fût, qu'on fît un tel » transport des reliques de cet homme incomparable. »

Le fait historique le plus saillant, l'événement considérable qui se rattache essentiellement au concile d'Héry, *est que le Roi, depuis cette époque, était possesseur de la Bourgogne, et qu'il donna à son fils aîné, Henri, la qualité de duc de cette province.*

(E) Les officiers du comte apposèrent les scellés dans l'abbaye du consentement des religieux qui vinrent déclarer qu'ils avaient élu pour abbé Jacques de Jaucourt. « Après quoi le bailly de Tonnerre mit le monastère sous la garde et protection du comte, nomma pour gardien, noble homme Henry de Jaucourt, chevalier seigneur de Villarnoux, lequel après le serment pris de lui d'accepter la commission pour garder et défendre l'abbaye sous le nom du comte de Tonnerre, à quoi les religieux ayant consenti déclarèrent qu'ils *étaient prests d'obéir*, et, en même temps, présentèrent les clefs des portes de l'abbaye attachées ensemble, requérant les officiers et commissaires de vouloir garder et protéger ladite abbaye corps et biens desdits religieux ; lesdits officiers prirent les clefs qu'ils donnèrent et mirent en mains dudit Henry de Jaucourt qui, les ayant prises, promit et jura en présence desdits religieux qu'il les défendrait et leur abbaye de toutes oppressions, molestations et voies de fait, etc., etc. Et en même temps lesdits officiers firent venir en leur présence Edmond Regnard demeurant à Pontigny qu'ils instituèrent prévost de ladite abbaye après serment pris de lui pour administrer la justice. » — L'original fut scellé du sceau de l'abbaye.

(F) Voici l'état des biens et droits que possédait l'abbaye de Pontigny au dix-huitième siècle.

Bois. 1º La forêt de Pontigny, contenant 1,777 arpents.

2º Les bois d'Aigremont, contenant 150 arpents.

3º Les bois de Venizy, d'une étendue de 968 arpents.

Le tout formant une masse de 2,895 arpents.

Vignes. Elles étaient situées notamment à Pontigny, Chablis, Saint-Bris, etc., et présentaient un ensemble de 60 arpents.

Labourages. Sous cette dénomination se trouvaient comprises différentes pièces de terres louées séparément et auxquelles n'étaient point annexés de bâtiments d'exploitation. C'est un mode de culture très-usité dans les environs de Saint-Florentin. Généralement le fermage s'acquittait en grains. Ces labourages offraient de grandes variétés quant à leur contenance. Mais, ils constituaient, dans leur ensemble, une propriété fort étendue.

Domaines. Ceux de Champtrouvé, de Vergigny, Venouse, Créci, Fouchères, Chailley. A Pontigny se trouvaient les métairies ou domaines de

Beauvais, de Roncenay, de Sainte-Porçaire, des Graviers, de Revisi et de Pontigny ; de Sainte-Radegonde, de Charraut, de Lordonnois, de Beugnon, de la Bassecourt et de Basses-Noues.

Prés. Leur étendue était de 40 arpents. Ils se trouvaient situés à Percei ou Perai et à Venouse.

Moulins. Ceux de Pontigny et de Frécambaut, près d'Avrolles.

Puis la tuilerie de Pontigny et ses dépendances.—Les moines possédaient, en outre, des maisons à Pontigny et à Chablis.—Le four banal de Vergigny.

Dîmes. Le monastère exerçait ce droit sur les vins ou les grains en tout ou en partie à Pontigny, à Venouse, Venizy, Brion, Jaulges, les Croûtes, Soumaintrain, Maligny et Villiers-Vineux.

Droits seigneuriaux. L'abbaye en jouissait à Pontigny, à Villiers-la-Grange, à Montigny et Souilli, à Vergigny, à Bœurs et à Aigremont.

Droits de salage. Les moines de Pontigny exerçaient ce droit sur le grenier à sel de Seignelay.

Cens et rentes. L'abbaye en possédait à Chailley, à Bœurs, à Montigny, à Rouvray, à Auxerre, à Troyes, à Tonnerre, à Chablis, à Ligny et à Venouse.

Voilà, sommairement, quels étaient les biens, les revenus, les droits et les priviléges que la succession des temps avait concentrés dans les mains des moines de Pontigny, lorsqu'éclata la révolution de 1789.

FIN.

TABLE DES MATIÈRES.

Dédicace à S. M. le Roi Louis de Bavière.

PREMIÈRE PARTIE.

I.

Introduction. — Développement des Ordres religieux. — Ordre de Saint-Benoît. — Fondation de l'Ordre de Cîteaux; ses quatre filles. Page....7.

II.

Fondation de l'abbaye de Pontigny en 1114. — Les douze premiers religieux viennent de Cîteaux. — Hugues de Mâcon, premier abbé. — Construction de la première église .... 13.

III.

Premier Chapitre général de Cîteaux en 1119. — Etablissement de la grande Charte de charité des Maisons de l'Ordre de Cîteaux. — Extrait de la *Règle* et des *Usages* de Cîteaux sur le gouvernement des monastères. 17.

IV.

Hugues de Mâcon devient évêque d'Auxerre. — Filiation de Pontigny pendant son gouvernement. — Bienfaiteurs de l'abbaye au douzième siècle; les Rois, les Papes, les évêques. — Construction de l'église existante et des bâtiments du monastère à l'aide des largesses de Thibault-le-Grand, comte de Champagne (1150). — Description de l'église.............29.

V.

Histoire de Thomas Becket. — Il devient archidiacre de Cantorbéry. — Le Roi Henri II le nomme son Chancelier et le comble d'honneurs. — Il vient en France en ambassade. — Sa carrière militaire....................39.

VI.

Thomas Becket nommé archevêque de Cantorbéry après de longs refus (1161). — Contraste entre sa vie passée et son nouvel état. — Ses austérités. — Il résigne la charge de Chancelier. — Il perd la confiance du Roi. — Henri II attaque les priviléges du clergé. — Opposition de Thomas Becket. — Il est dépouillé de ses dignités. — Sa fuite en France. ...47.

VII.

Thomas Becket se retire à Pontigny (1164). — Ses partisans bannis d'Angleterre se réfugient près de lui. — L'archevêque expulsé de son asile par les menaces du Roi Henry II. — Il se retire à Sainte-Colombe, près Sens. — Sa réconciliation avec Henri II. — Il retourne en Angleterre (1170). — Nouvelle rupture entre eux. — Le Roi souhaite la mort du Prélat. — Assassinat de Thomas Becket. — Henri II expie son crime. — Canonisation de Thomas Becket. — Honneurs rendus à sa mémoire au moyen âge..61.

VIII.

Accroissement de l'abbaye de Pontigny. — Les filiations de Pontigny s'étendent en Europe — Louis VII et Philippe-Auguste la visitent. — Ils lui accordent des priviléges. — Donations par les seigneurs, au treizième siècle. — Physionomie curieuse de ces actes; esprit des donateurs....71.

IX.

Les femmes sont [absolument] exclues du monastère et des granges. — L'abbé Jean blâmé, en 1205, d'y avoir reçu la Reine Adèle et sa suite. — Cette princesse est inhumée à Pontigny. — Seigneurs et Prélats qui y reçurent la sépulture.................................77.

X.

Election d'Etienne Langton pour archevêque de Cantorbéry malgré le Roi Jean-sans-Terre. — Ce prince fait dévaster le monastère du Christ. — Innocent III essaie de ramener le Roi. — Ses efforts inutiles. — Les Etats du Roi Jean sont mis en interdit. — Effets de cette mesure et son influence au moyen âge................................80.

XI.

Le Roi Jean se venge sur le clergé. — Langton et ses partisans se retirent à Pontigny (1208). — Jean-sans-Terre est excommunié. — Il se soumet et rappelle Langton et son clergé. — Soumission féodale de l'Angleterre à l'Eglise romaine par Jean-sans-Terre............................89.

XII.

Jean-sans-Terre tyrannise ses barons. — Ligue contre lui à la tête de laquelle se met Langton. — La grande Charte est proclamée. — L'archevêque se souvient de Pontigny et lui accorde 50 marcs de rente.......95.

XIII.

Pontigny devient encore la retraite d'un archevêque de Cantorbéry. — Vie de saint Edme. — Il accepte malgré lui la dignité d'archevêque (1234). — Désordres de l'Angleterre. — Saint Edme fuit le monde et se retire à Pontigny (1240). — Sa vie exemplaire. — Sa mort en 1242. — Il est inhumé dans le sanctuaire de Pontigny. — Solennités à la canonisation de saint Edme. — Nouveaux dons des Rois d'Angleterre et des prélats de Cantorbéry (treizième siècle). — Le martyre de Thomas Becket sur les sceaux de la ville et des monastères de Cantorbéry. — La dévotion s'accroît pour les reliques de saint Edme. — L'abbaye de Pontigny change le vocable de Notre-Dame et n'est plus connue que sous celui de Saint-Edme. — Popularité de saint Edme. — Ses miracles. — Processions. — Affaiblissement de la discipline à Pontigny, au seizième siècle . . . . 101.

DEUXIÈME PARTIE.

XIV.

Physionomie du pays avant la fondation de l'abbaye. — Grands bois qui le couvrent. — Barbarie des habitants. — L'abbaye apporte la vie dans ce désert. — Son influence. — Etablissement des granges ou métairies. — Droits de justice. — Protection des Papes. — L'abbé porte les insignes épiscopaux (1418). — Armoiries. — Fête des fous supprimée, à Auxerre, par l'influence de l'abbé (1401) . . . . 119.

XV.

Du droit de garde et d'avouerie des comtes de Tonnerre sur l'abbaye. — Cause de nombreux procès . . . . 132.

XVI.

Affranchissement des serfs de Montigny et de Venouse, au quatorzième siècle . . . . 138.

XVII.

Guerre des Anglais au quatorzième siècle. — Détresse de l'abbaye. — Emprunts. — La misère est aussi grande au quinzième siècle. — Villages détruits. — L'abbé de Laffin achève la ruine de l'abbaye. — Louis XI. — Ses pèlerinages à Pontigny. — Il lui donne 1200 livres de rentes en 1478.

— Nouvelles largesses, en 1482, afin que les *moines prient pour la bonne disposition de son estomac*..143.

XVIII.

Du concordat entre Léon X et François Ier. — Son influence sur la discipline ecclésiastique. — Les abbés commendataires introduits à Pontigny. — L'abbé de Jaucourt aliène des biens considérables. — Prélude de la Réforme. — Le seigneur de Ligny dévaste l'abbaye (1528) sous prétexte du droit de garde. — Le cardinal du Bellay abbé en 1546. — Il ne réside pas à Pontigny. — Son receveur général lui envoie du vin à Rome. — Les cardinaux d'Est abbés de Pontigny. — L'abbaye n'est plus qu'un domaine. — Fin du gouvernement des abbés commendataires (1594)............151.

XIX.

Ruine de l'abbaye par les Huguenots (1568). — Les moines cachent la châsse de saint Edme et s'enfuient. — Deuxième incendie de l'abbaye, l'année suivante. — Restauration. — Ligueurs......................167.

XX.

Du gouvernement des abbés commendataires. — Pensions affectées sur les revenus de l'abbaye. — L'abbé Charles de Boucherat âgé de 9 ans. — Revenus de la mense des moines ; leurs plaintes sur sa modicité. — Budget de l'abbaye, au xviie siècle. — Appréciation en valeur actuelle..173.

XXI.

Prodigalités de l'abbé Charles de Boucherat. — Situation financière fâcheuse en 1650. — Les bâtiments tombent en ruines. — Réforme de l'Ordre de Cîteaux. — Pontigny conserve la commune observance............185.

XXII.

Description du chœur boisé de l'église. — Riches sculptures des stalles. — Tableaux. — Orgues sculptées par l'abbé Carron. — L'abbé Grillot démolit l'ancien logis abbatial et le remplace par un édifice plus somptueux (1750). — Il place la châsse de saint Edme au fond du sanctuaire et fait élever le maître-autel actuel..189.

XXIII.

D. Nicolas Chanlatte, successeur de D. Grillot. — Son luxe, ses pro-

digalités. — Le palais abbatial, rendez-vous de la bonne compagnie. —
— Appréciation des revenus de Pontigny au xviiie siècle. — Emprunt de
300 mille livres. — Voltaire enterré à Scellières, dépendance de Pontigny.
— Suites de cette affaire. — L'abbé Chanlatte meurt en 1788, laissant 400
mille livres de dettes. — Jean Depaquy succède à D. Chanlatte. — Sa conduite exemplaire. — Il s'efforce de rétablir l'ordre dans l'abbaye. — Décret
de l'Assemblée Constituante qui supprime les établissements religieux. —
Situation financière de Pontigny en 1790........................197.

XXIV.

Vente des bâtiments de Pontigny. — L'église et ses dépendances réservées.
— La société populaire de Saint-Florentin. — Curieux projet de vente de
l'église en l'an iv. — Sort des religieux, après 1790. — L'évêque de Troyes
veut, sous la Restauration, s'emparer des stalles de Pontigny........211.

XXV.

Visite de Monseigneur Wiseman au tombeau de saint Edme (1842). —
Acquisition du reste des bâtiments de l'abbaye, par l'archevêque de Sens,
pour y établir un asile destiné aux prêtres âgés et infirmes.........221.

APPENDICE.

Liste des monastères dépendants de Pontigny. — Liste des personnages
illustres inhumés à Pontigny. — Concile d'Héry. — État des biens de
l'abbaye au xviiie siècle..229.

DESSINS ET CARTE.

Carte de Pontigny et des environs	14
Vue de l'église de Pontigny (côté du sud)......................	30
Plan de l'église (état actuel).................................	34
Détails divers...	id.
Sceau de la ville de Cantorbéry au XIVe siècle (1).............	109

(1) Je dois à la bienveillance d'un illustre et savant Membre de l'Académie des
Inscriptions et Belles-Lettres l'explication de la légende gravée autour du sceau de
la ville de Cantorbéry. La voici :
  Ictibus immensis Thomas qui corruit ensis
  Tutor ab offensis Urbis sit Cantaruensis.

Plan de l'abbaye de Pontigny en 1760.......................... 129
Vue d'une partie du sanctuaire.. 195
Portrait de D. Chaulatte... 203
Deuxième vue de l'église (côté du cloître)......................... 212

www.ingramcontent.com/pod-product-compliance
Lightning Source LLC
Chambersburg PA
CBHW070526170426
43200CB00011B/2342